amigos amantes

amigos amantes

el matrimonio
como Dios lo diseñó

Sam y Geri Laing

DPI

DISCIPLESHIP
PUBLICATIONS
INTERNATIONAL

amigos amantes

Versión en español del libro *Friends and Lovers* © 1996 por *Discipleship Publications International* (DPI) Two Sterling Road, Billerica, MA 01862-2595

Todos los derechos reservados. Ninguna parte de este libro puede ser duplicada, copiada, traducida, reproducida o almacenada mecánica o electrónicamente sin autorización por escrito de *Discipleship Publications International*.

Todas las citas bíblicas, a menos que se indique, han sido tomadas de La Santa Biblia, Nueva Versión Internacional. ©1999 por la Sociedad Bíblica Internacional. Todos los derechos reservados.

Editor: Dr. Jaime De Anda

Traducción: Gloria Rodríguez - Venezuela

Diseño de portada e interior: María Cristina Mejía-Cárdenas

Diagramación y producción: Édgar Mauricio Ortiz H.

Jefe de redacción: Esteban Portela

Corrección de estilo: César Tulio Puerta

Impresión: Imprecal Ltda. Bogotá, Colombia

Primera edición: 2001 Por la Asociación Iglesia de Cristo Internacional-Colombia

ISBN:958-96922-6-5

para nuestros hijos:

Elizabeth, David, Jonathan y Alexandra.
Ustedes son nuestro gozo y nuestra corona.

> "Me casé y viví felizmente
> de ahí en adelante"

Winston Churchill

♥ contenido

reconocimientos

Expresamos nuestro más profundo aprecio a los muchos amigos que pacientemente nos ayudaron durante los seis meses que se necesitaron para escribir este libro. A los miembros de nuestro personal que han llevado la carga más pesada; ustedes tienen nuestra gratitud infinita. A nuestra asistente personal, Tracy MacLachlan, por su iniciativa, actitud positiva y servicio más allá del deber; te estamos profundamente agradecidos. Nuestra hija Elizabeth hizo contribuciones invaluables durante el proceso de redacción y edición; le damos las gracias y nuestro amor. A todos nuestros amigos de *Discipleship Publications International*, cuyo trabajo, mas que una ocupación, es una labor de amor y un ministerio para Jesucristo, siempre los amaremos y respetaremos.

 # introducción

Conocí a los dos grandes amigos de mi vida cuando el invierno se tornaba en primavera, el año en que cumplía diecinueve años. Ellos son mis mejores amigos ahora y lo serán para siempre. Y como fue el primer amigo quien me llevó al segundo, la joven mujer que estoy por describirles, estaré en deuda con Él para siempre.

Sin yo saberlo, Él hizo arreglos para que nuestro encuentro tuviera lugar durante un retiro de la iglesia. Acostumbraba asistir a tales eventos con una mezcla de motivos: en parte para buscar respuestas espirituales y en parte para conocer mujeres jóvenes y atractivas. Ese viernes en la tarde, camino al retiro, mi conciencia ardía de culpa por tener esas dos formas de pensar. Sólo unas pocas semanas antes había tomado la decisión de comprometer mi vida entera a Dios, y este poco menos que puro motivo era una desanimante reaparición de quien, supuestamente, yo había sido antes. Le pedí a mi compañero que conducía el vehículo que se detuviera a un lado del camino para poder hablar. Le abrí mi corazón, derramé lágrimas de tristeza y decidí que ese retiro sería diferente, ¡Dios y su propósito serían lo primero en mi mente! ¡Ya no iría más en busca de mujeres!

Me cambié la ropa. Salí de mis botas de vaquero y camisa de moda, y me puse zapatos deportivos viejos y una camisa de golf poco vistosa y de material sintético. De verdad quería un cambio.

Llegué al retiro con el alma limpia de culpa, una mente libre de distracciones y un corazón listo para inspirarse espiritualmente. Comenzó a congregarse una pequeña multitud. Fue entonces cuando la vi por primera vez. Me quedé paralizado. No podía quitarle los ojos de encima. Era hermosa. Radiante. Brillante. Inocente. Cálida. Llena de vida, alegría y gozo. Podía verlo, sentirlo y percibirlo todo a través de la sala llena de gente. Cuando sonreía, sus ojos chispeaban, su rostro brillaba y el salón parecía iluminarse. Su risa era música a mis oídos. Nunca antes había visto a alguien tan encantador en alma y cuerpo; de hecho no he vuelto a ver, ni jamás volveré a ver, a nadie igual.

De repente mi conciencia me atacó con una acusación flagrante: ¿Qué había pasado con mi promesa? ¿Ya se me había olvidado todo? ¿Había venido para servir a mis propios propósitos o a los de Dios? Mi espíritu se derrumbó, pero sabía que debía honrar mi primera decisión. Recogí todas mis emociones, me di la vuelta y seguí como si no hubiera visto nada. Más tarde nos presentaron brevemente, pero hice una salida cordial y le dediqué toda mi atención a los eventos que estaban programados.

El retiro fue magnífico. Me encontré creciendo en fe y acercándome a un grupo de estudiantes que compartían mi recién contraído compromiso. A medida que los eventos llegaban a su fin el día sábado, me permití pasar un momento con ella. Hablamos de lo que habíamos aprendido y de lo que queríamos hacer con nuestras vidas. Compartí con ella la historia de mi reciente decisión, de haber sido criado en una religión sin vida y de haber encontrado mi fe después de una larga batalla contra el egoísmo y el escepticismo. Ella escuchó con atención y dijo que estaba pasando por una búsqueda similar y que deseaba llegar al punto donde yo había llegado.

Regresé a la universidad esa noche y me resistí al impulso de tomar el teléfono y hacer una cita para verla de nuevo. (Ella estaba de visita en la ciudad y se había quedado para asistir al servicio del domingo). Decidí esperar. La vi ese domingo en la mañana cuando se preparaba para irse: una conversación sin importancia, una despedida breve, y ya estaba de camino hacia su casa.

La llamé algunas semanas después. No estaba seguro de que me recordara. Sí se acordaba. Le escribí. Me contestó. Me dijo que había decidido retirarse de su universidad y mudarse para estar con la iglesia donde yo estaba por lo fuerte de sus bases espirituales. Quería encontrar a Dios.

Ella llegó el otoño siguiente y pasó a formar parte del grupo de jóvenes estudiantes de esa pequeña pero visionaria iglesia. Tres años y medio más tarde nos casamos. Casi veinticinco años después de eso, con cuatro hijos y una vida de recuerdos, lágrimas y risas, todavía estamos juntos y lo estaremos hasta morir. Ella es el mayor regalo que he recibido en este mundo; ella es mi amiga y mi amante para toda la vida.

¿A quién le debo este regalo? ¿Quién era el otro amigo, el que nos llevó a encontrarnos? Él era el amigo que había conocido apenas unas semanas antes de conocerla a ella. Era el Padre en el cielo que me había encontrado, y a quien yo había encontrado, después de una larga y dolorosa búsqueda. Aunque me resistí, Él me atrajo por la integridad, las maravillas, la rectitud y el amor que vi en su incomparable Hijo. Desde las profundidades de mi egoísmo y de mi escepticismo, tomé la decisión de amarlo mucho después de que Él en su gracia hubiese elegido amarme a mí. Y, después de que le di el lugar de supremacía en mi corazón, Él me dio a la mujer que es la mayor bendición en mi vida. Él es el mejor de todos mis amigos.

Escribimos este libro porque Dios nos ha dado nuestras vidas y nuestro matrimonio. No nos merecemos nada de lo que tenemos. No creemos que tenemos el matrimonio perfecto o que sabemos todas las respuestas. Pero somos conscientes de quién nos ha dado todo lo bueno que disfrutamos, y en estas páginas les ofrecemos algo de lo que hemos recibido gratuitamente.

"Por lo tanto, todo el que me oye estas palabras y
las pone en práctica es como un hombre prudente que construyó
su casa sobre la roca." (Mateo 7:24)

Este es un libro para enseñarles lo grandioso que es un matrimonio y para ayudarles a construir uno. Es nuestra convicción
que el planeta Tierra vino con un manual de instrucciones: la
Biblia. Por lo tanto, todo lo que se enseña en nuestro libro,
de una forma u otra, estará basado en las páginas de las
Escrituras. En los capítulos a continuación presentaremos el
concepto maravilloso de lo que es el matrimonio: como pareja
somos amigos amantes. Cada persona que se case está compro-
metida de por vida a este ser del sexo opuesto que es su mejor
amigo(a) y con el cual comparte las intimidades del amor
sexual. Pero antes de que vayamos más adelante, establezca-
mos los principios sobre los cuales se construye un gran
matrimonio.

Compromiso con Dios

La base de un gran matrimonio es nuestra relación personal y
en conjunto con Dios. Esta relación surge a través de las
decisiones que tomamos individualmente para hacernos discípulos de Jesucristo (Lucas 9:23), así que gran parte de lo
que diremos en este libro se basa en este principio. Muchos
de ustedes se hallan en otra situación. Tal vez ninguno de
ustedes se ha convertido en un discípulo de Jesús, o tal vez
se han alejado del compromiso original que adquirieron con
él. Otros de ustedes están en un matrimonio donde sólo uno
de los dos es discípulo. Ciertos principios enseñados en la
Biblia (y en este libro) producirán mejores matrimonios para
aquellos que no tienen un compromiso personal con Cristo; pero
el máximo impacto estará limitado hasta que ambos dediquen
sus vidas individuales y su matrimonio a Dios. La intención

de Dios es que vivamos nuestra vida y basemos nuestro matrimonio en la roca que es su Palabra, que es la única forma segura para tener una vida y un matrimonio gozosos. Por eso, lo mejor que puedes hacer por la relación entre ustedes es tomar la decisión de buscar a Dios. Sin tal convicción encontrarás que muchos de los principios que se enseñan en este libro son difíciles o imposibles de aplicar.

Compromiso del uno con el otro

La Biblia nos enseña que tenemos que ser fieles a nuestros (as) esposos (as) hasta la muerte. Cuando nos casamos, Dios, de una forma misteriosa y espiritual que nosotros no comprendemos, nos teje en una sola persona. Su intención es que ese lazo sea permanente. Una vez le preguntaron a Jesús si Dios permitía el divorcio. Él contestó que Dios permite el divorcio sólo en caso de infidelidad marital:

"¿No han leído —replicó Jesús— que en el principio el Creador 'los hizo hombre y mujer', y dijo: 'Por eso dejará el hombre a su padre y a su madre, y se unirá a su esposa, y los dos llegarán a ser un solo cuerpo'? Así que ya no son dos, sino uno solo. Por tanto, lo que Dios ha unido, que no lo separe el hombre." (Mateo 19:4-6. *Vean* también vv. 7-10)

Hay una actitud demasiado generalizada de simplemente renunciar cuando el matrimonio se vuelve difícil o cuando sentimos que ya no queremos seguir luchando. Incluso si tenemos el más serio de los problemas, ¡aun así no existen razones para renunciar! Sólo en caso de adulterio se permite el divorcio, pero no necesariamente se exige o se fomenta. He visto cómo muchos matrimonios se han salvado gloriosamente de los desastres del adulterio.

Por lo tanto, les pido que eviten hablar de divorcio. Incluso en los momentos de frustración y furia, nunca pronuncien la palabra. Asume y cree siempre que van a estar juntos y que van a resolver las cosas. ¡El matrimonio es para siempre!

Compromiso de formar un hogar independiente

"Por eso dejará el hombre a su padre y a su madre, y se unirá a su esposa, y los dos llegarán a ser un solo cuerpo." (Génesis 2:24)

Siempre debemos honrar a nuestro padre y a nuestra madre, pero llega un momento en el que debemos desprendernos y construir nuestra propia vida. Debemos establecer nuestra independencia física, emocional, financiera y social de nuestros padres. Si vivimos cerca de cualquiera de nuestros padres debemos asegurarnos de establecer nuestra propia vida matrimonial, de hogar y de familia. Demasiados de nosotros no hemos crecido aún. Volvemos corriendo donde papá y mamá para que nos respalden financiera o emocionalmente cuando las cosas se ponen difíciles. Si esta es tu actitud y lo que haces, nunca tendrás un gran matrimonio.

Los padres de ambos pueden estar involucrados en sus vidas y en las vidas de sus hijos. Pero, amigos, es mejor para ustedes que construyan su propia vida para que cuando llegue el momento puedan ser para ellos el apoyo que alguna vez ellos fueron para ustedes.

Compromiso constante

La mayoría de nosotros estábamos emocionados, felices y profundamente enamorados el día de la boda. Con toda probabilidad nos dimos todo el corazón el uno al otro. Pero el corazón se puede dañar, opacar y distraer. El amor se mantiene con el compromiso constante. Aunque alguna vez tomamos la decisión de amar, debemos retomarla muchas veces. Cuando ves a tu esposo(a) en su momento más débil, debes dar todo tu corazón otra vez. Cuando te sientes tentado(a) a ofrecer tu afecto a otra persona, debes rechazar esos pensamientos y darle tu corazón otra vez a tu único amor verdadero. Cuando las peores explosiones de la vida te han destrozado, como siempre dale tu corazón a tu verdadero amigo(a) y amante.

Cuando tus hijos reclaman tu atención, primero debes amar a tu esposo(a). Cuando tu pareja te ha herido y ha fallado en suplir tus necesidades, todavía tienes que darle tu corazón. Y debes darlo una y otra vez.

Me sorprende cuánto trabajamos en las cosas menos importantes. Vamos a la escuela para aprender a ganarnos el pan de cada día, aprendemos a conducir un automóvil, aprendemos nuevos pasatiempos, o aprendemos a preparar un formato de retención de impuestos, pero no tomamos el tiempo ni el esfuerzo para aprender cómo construir nuestra relación humana más importante. Mi reto para ti es que inviertas el tiempo y el esfuerzo, las lágrimas, la oración, el trabajo y el sudor que hagan falta para construir un gran matrimonio. ¡Te pagará dividendos más allá de lo que puedas soñar!

Cerramos estos pensamientos introductorios con tres convicciones que tenemos y que esperamos que también sean suyas:
- Dos personas pueden cambiar.
- Cualquier matrimonio puede arreglarse.
- Cualquier matrimonio puede ser increíble.

Nosotros no sabemos en qué punto está tu matrimonio ahora, pero, dondequiera que se encuentre, tenemos confianza en que lo que compartiremos con ustedes en las siguientes páginas puede hacer la diferencia. Este libro es para quienes no están casados, pero quieren ayuda para prepararse. Este libro es para quienes sienten que su matrimonio es bueno, pero quieren encontrar la forma de mejorarlo. Este libro es para quienes comenzaron con efervescencia y ahora se preguntan en qué momento la perdieron. Este libro es para quienes empezaron mal y nunca han encontrado la forma de darle la vuelta. Este libro es para quienes se han herido tanto, tantas veces, que se preguntan si su relación tiene arreglo.

Sin importar lo que haya sucedido, no puedes dar vuelta atrás y cambiar el pasado. Pero puedes aprender y salir adelante y construir sobre nuevas bases. Ahora es tiempo de comenzar.

Sam y Geri Laing
Cary, Carolina del Norte
Mayo de 1996

primera parte **relación**

♥ capítulo uno amigos amantes

> "Su paladar es la dulzura misma;
> ¡él es todo un encanto!
> ¡Tal es mi amado, tal es mi amigo,
> mujeres de Jerusalén!"
> (Cantar de los cantares 5:16)

Mejores amigos. Amantes extraordinarios. Rara vez el corazón y el alma del matrimonio se han resumido de mejor manera. La amistad y el amor romántico son los dos ingredientes esenciales de un gran matrimonio, las cualidades que le permitirán crecer, que lo harán más rico, más profundo y más satisfactorio. Si bien esta pudiera ser la norma, pocos de nosotros crecimos viendo matrimonios así, y tal vez muchos menos de nosotros creíamos que podríamos experimentar este tipo de relación en nuestras vidas. Muchos han visto el matrimonio más como un drenaje que como una fuente, un campo de batalla en lugar de un refugio, una estación de paso en lugar de un hogar permanente.

Dejen a un lado sus preconcepciones, sus problemas y su pasado. Por sobre todas las cosas, desháganse de sus bajas expectativas. Una relación de matrimonio entre dos personas que son amigos y amantes no es sólo para los superdotados, los atractivos o para una minoría. Es para todo el mundo, incluyéndolos a ustedes. La única cosa que los frena es su duda. Es tiempo para que dejen de lado su falta de fe y para que trabajen en construir su matrimonio.

Comencemos con las bases. ¿Cuál es el papel que el matrimonio debería desempeñar en nuestras vidas?

Compañeros de por vida

"Luego Dios el Señor dijo: 'No es bueno que el hombre esté solo. Voy a hacerle una ayuda adecuada.' " (Génesis 2:18)

Los seres humanos son criaturas sociales. El Creador mismo dijo que no es bueno que estemos solos; nos hizo desear la compañía de otras personas. La soledad nos acosa. Buscamos entender y que nos entiendan. Sin alguien a quien conozcamos profundamente y que nos conozca profundamente a nosotros, estamos incompletos, con un desgarrador vacío en nuestro corazón que nos ahoga y nos consume lentamente, robándonos la verdadera alegría de la vida. Por lo tanto, Dios en su misericordia ha creado la relación del matrimonio como una forma de saciar esa sed de una compañía segura, consistente y para toda la vida.

Nuestros cónyuges deben ser los mejores amigos que podamos tener sobre la tierra. Ellos deben conocer lo que pensamos, lo que hay en nuestro corazón, nuestra alma y sentimientos mejor que cualquier otra persona. Ellos, mejor que nadie, son las personas con quienes nos encanta estar, hablar o sólo sentarnos a guardar silencio, y con quienes compartimos nuestras experiencias de cada día, nuestras tristezas y nuestras alegrías.

Esta es la única relación en la vida en la que debemos estar hasta que la muerte nos separe. Debemos honrar a nuestros padres, pero no tenemos que vivir con ellos para siempre. Debemos dejarlos y construir una vida con nuestra(o) esposa(o) (Génesis 2:24). De igual manera, nuestros hijos algún día también van a dejarnos. Los amigos son indispensables y necesitamos tantos como podamos tener, pero las circunstancias los mueven dentro y fuera de nuestras vidas inevitablemente. Sólo nuestra pareja, la persona con quien nos casamos, permanece a nuestro lado para toda la vida. Estamos comprometidos el uno con el otro a estar juntos y permanecer unidos en una relación segura, de amistad, de unión, que durará hasta morir.

La base de los logros personales

Si estamos casados, la fuerza de nuestro matrimonio es la base de una vida poderosa y efectiva. Nuestra habilidad para obtener grandes logros se magnifica grandemente cuando tenemos a nuestro lado a una pareja que nos apoya y que trabaja con nosotros. ¡Felices aquellos que reconocen que el matrimonio es un trabajo en equipo, que estamos mejor juntos que separados! Si lo piensas con cuidado, encontrarás que la mayoría de nosotros nos casamos con personas que son muy diferentes de nosotros en temperamento y personalidad. Este es el diseño de Dios y es parte del ingenio y el misterio del matrimonio. Si bien todos tenemos debilidades, las fortalezas de nuestra pareja a menudo pueden compensarlas. Al trabajar juntos, como una sola persona, nos convertimos en quienes nunca hubiéramos llegado a ser por nosotros mismos.

"Más valen dos que uno, porque obtienen más fruto de su esfuerzo. Si caen, el uno levanta al otro. ¡Ay del que cae y no tiene quien lo levante! Si dos se acuestan juntos, entrarán en calor; uno solo ¿cómo va a calentarse? Uno solo puede ser vencido, pero dos pueden resistir. ¡La cuerda de tres hilos no se rompe fácilmente!" (Eclesiastés 4:9-12)

Si buscamos construir una vida de logros sobre las bases de un matrimonio débil y tambaleante, estamos construyendo sobre arenas movedizas. Descuidar nuestro matrimonio debilita todo aquello que esperamos conseguir. Abundan las historias de hombres y mujeres de la vida pública que han perdido el respeto y la confianza de sus seguidores porque han fracasado en su vida privada. Algunos incluso han logrado un cierto nivel de éxito mientras llevaban un matrimonio difícil, pero podrían haber hecho mucho más con la confianza, la alegría y el respeto que un gran matrimonio les habría dado.

Sin embargo, muchos de nosotros tenemos invertidas nuestras prioridades. Sentimos que para tener éxito debemos entregarnos completamente a nuestra vida profesional, incluso a expensas de nuestro matrimonio. Pero, en verdad, ésta es una de las elecciones más autodestructivas que podríamos tomar. Las personas que lo hacen terminan en amargura, cinismo y tristeza, sabiendo que han perdido el amor del amigo más importante, así como el amor de sus hijos. El éxito conseguido en otras áreas nunca es suficiente para superar el daño que causa un matrimonio fracasado.

Además, la Biblia exige que quienes tengan la ambición de liderar espiritualmente a otras personas, deben tener matrimonios y familias fuertes:

"Se dice, y es verdad, que si alguno desea ser obispo, a noble función aspira. Así que el obispo debe ser intachable, esposo de una sola mujer, moderado, sensato, respetable, hospitalario, capaz de enseñar; no debe ser borracho ni pendenciero, ni amigo del dinero, sino amable y apacible. Debe gobernar bien su casa y hacer que sus hijos le obedezcan con el debido respeto; porque el que no sabe gobernar su propia familia, ¿cómo podrá cuidar de la Iglesia de Dios?" (1 Timoteo 3:1-5. Vean también los versículos 6-13.)

Lamentablemente, hay muchos que han ejercido el liderazgo del pueblo de Dios, pero que han fracasado en sus hogares. La Biblia los descalifica como líderes verdaderos, pues así como son las personas en su propia casa, es como realmente son. Quienes pasan la prueba de construir familias excelentes son genuinos líderes que se han ganado el derecho de mostrarles a los demás cómo hacerlo.

La satisfacción de nuestra sexualidad

"Por eso el hombre deja a su padre y a su madre, y se une a su mujer, y los dos se funden en un solo ser." (Génesis 2:24)

El sexo es una de las fuerzas más poderosas en el mundo. Nos inspira, frustra, satisface, mistifica y atormenta. Un rápido vistazo a la música, el arte y la literatura de las épocas nos muestra su penetrante influencia en la vida y la historia del hombre. Por medio del sexo definimos nuestra mayoría de edad, y por él muchos juzgan su propio e intrínseco mundo (y el de otros). Para un gran número de personas, la búsqueda de la satisfacción y el disfrute sexual es el tema dominante en sus vidas.

Dios creó el sexo y la sexualidad. Él nos hizo hombre y mujer, e instruyó que nos volviéramos "un solo ser". Si todavía no has entendido que estas palabras se refieren al sexo en el matrimonio, por favor, ¡sigue leyendo! Dios no cometió un error cuando inventó el sexo; era parte de su gran diseño. Un diseño para perpetuar la raza humana, para darse la gloria, y para darnos gozo, felicidad y satisfacción.

El matrimonio de un hombre y una mujer que se convierten en amigos amantes para toda la vida es el plan de Dios para nuestra satisfacción sexual. Es un gran plan, un plan muy ingenioso, un plan que funciona en la vida real; ¡y ya es tiempo de que ustedes, parejas de casados, comiencen a disfrutarlo! Uno de los grandes objetivos del libro es presentarles el hermoso concepto del amor sexual en el matrimonio e inspirarlos a incluirlo en su propia relación. Es tan importante que le dedicaremos una sección completa (capítulos 5-7) para hablar del tema en su totalidad.

Pero el sexo en el matrimonio no es solamente el gran plan de Dios; es también el único plan. No hay otra opción. Cuando ignoramos y desafiamos el diseño de Dios, experimentamos una ruina, una desdicha y una degradación indescriptibles. Tal vez nada en todo el mundo ha causado un dolor más profundo, un corazón más destrozado y una desdicha más intensa que el abuso de la sexualidad. La solución a nuestras frustraciones y dificultades sexuales es no abandonar el gran concepto que Dios tiene del romance en el matrimonio, sino ¡aprender cómo hacerlo funcionar!

Un lugar para construir una familia

"Y los bendijo con estas palabras: 'Sean fructíferos
y multiplíquense; llenen la tierra...' " (Génesis 1:28)

Dios creó el matrimonio y la familia para ser el escenario
donde se conciban, nazcan y se críen los niños. La familia
es la unidad fundamental de toda sociedad. Él desea que los
jóvenes crezcan en un ambiente seguro, espiritual y lleno
de amor. Los niños que son criados por padres que tienen
una relación de verdadero amor y respeto, y una unión
sexual feliz, crecerán con todas las probabilidades de
ser productivos y felices.

Hoy en día la sociedad está recogiendo una cosecha amarga por no haber seguido este curso en el pasado. El creciente número de niños que nacen fuera del matrimonio es
un inmenso portento del caos y el terror social que están
por venir. Muchos de los jóvenes de hoy tienen dificultades emocionales que son resultado directo de la ruptura de
la relación de sus padres o de la carencia de un hogar
donde ambos padres estuvieran presentes. Como no han sido
amados, y han sido heridos y abandonados, estos jóvenes no
entienden el significado del amor ni el valor de la vida
humana, y no han aprendido a respetar al sexo opuesto.
Confían muy poco en otras personas, poseen una capacidad
limitada para formar relaciones permanentes, no tienen
identidad ni conciencia. Y por eso la tasa de crímenes se
dispara y la descomposición social se acelera a una velo-
cidad alarmante.

Dios quiere que sus hijos vivan en un hogar bajo la mano
protectora, amorosa y guiadora de sus padres hasta que sean
lo suficientemente adultos como para irse y construir su
propia vida. La gloria y el gozo de la paternidad es criar
a los hijos para que sean hombres y mujeres de integridad
y fe, hijos que honrarán a sus padres y los cuidarán cuando algún día estén tan débiles que ya no puedan cuidarse a

sí mismos. El plan de Dios es bueno, sabio y poderoso. Si lo desdeñamos terminaremos con el corazón roto, y si lo implementamos terminaremos alegres y satisfechos.

¡Amigos amantes! Ese es el plan de Dios para el matrimonio. Tenemos que ser los mejores amigos para toda la vida. Juntos vamos a lograr lo que nunca podríamos lograr solos. Vamos a tener una vida sexual satisfactoria y plena. Vamos a criar a nuestros hijos para que sean personas de carácter e integridad que se conviertan en nuestra bendición cuando seamos ancianos. Lo que Dios planea, Él también lo hace posible. ¡Qué plan tan maravilloso y qué promesa tan grande!

"En la lengua hay poder de vida y muerte..."
(Proverbios 18:21)

Durante mi juventud, hablar conmigo era, en palabras de Winston Churchill, "un acertijo envuelto en un misterio, dentro de un enigma". Nunca aprendí a sentirme cómodo hablando sobre lo más profundo de mí mismo con otra persona. Muchas veces, de hecho, no tuve idea de qué estaba sintiendo o pensando en realidad (si no los compartimos, los pensamientos y los sentimientos se entierran y se envuelven más en el misterio). A veces no hablaba y quería estar solo. Después de que me casé, mi esposa repetía frecuentemente la pregunta que los hombres oyen tan a menudo: "¿En qué piensas?". Yo respondía con un nervioso "No, nada importante; sólo en algunas cosas que tengo en mente". Ahora, ¡eso realmente ayudaba a Geri a calmarse! Finalmente mejore hasta el punto en que podía decir: "Cariño, si es sobre ti, te lo diré". Bueno, eso estaba mejor, pero aún dejaba a Geri en la incertidumbre sobre qué estaba pensando y, al final, ella no sabía quién era yo en realidad.

La vida se volvió cada vez más difícil por mi falta de comunicación. Me convertí en una persona cada vez más desanimada y solitaria en la medida en que me encerraba más en mí mismo. Me sentía atrapado, un prisionero en mi propio y privado mundo. Me aburrí de mis ansiedades, de mis temores, frustraciones y del hacerme preguntas. Amaba profundamente a mi esposa, pero había un nivel de mí mismo que escondía de ella. Ahora estoy seguro de que si hubiera continuado por ese camino, mi matrimonio habría terminado en un desastre terrible.

Finalmente decidí abrirme y decirle a Geri mis pensamientos más profundos. Decidí que, como esta mujer me amaba más que a nadie sobre la faz de la tierra, le confiaría la más profunda y oscura parte de mi alma. Reuní todo el valor del cual era capaz, fortalecí mi humildad, y comencé a hablar. De inmediato sentí una inmensa sensación de alivio. Ya no tuve que llevar solo el peso de mis cargas. Ahora tenía disponible el incomparable tesoro de la compañía, la comprensión y el ánimo de Geri. Ahora ella podía utilizar uno de sus grandes talentos –la sabiduría– para aconsejarme y ayudarme. ¡Finalmente éramos un equipo! Mi honestidad y humildad ayudaron a Geri a tener más confianza. La vi transformarse en una mujer más madura y radiante a medida que la dejaba asumir el papel que le correspondía en nuestro matrimonio. Nos acercamos increíblemente. Geri se convirtió en mi mejor amiga de verdad, ¡algo que Dios había programado desde un principio! Ahora, años después, le agradezco a Dios por estos cambios y ni siquiera consideraría regresar a como éramos antes. Creo que mi decisión de ser y permanecer abierto es una de las grandes decisiones que he tomado en mi vida, ¡una que ha construido las verdaderas bases de mi matrimonio!

¿Cómo va la comunicación en tu matrimonio? ¿Conoces y entiendes a tu pareja? ¿Tienen conversaciones profundas o las limitas a lo superficial y lo mundano? ¿Te encuentras reservándote las cosas que quieres decir? ¿Te sientes frustrado(a)? ¿Te da miedo hablar de lo que es importante? ¿Te resulta difícil poner en palabras tus pensamientos y tus sentimientos? ¿Te encuentras con que ni siquiera sabes lo que sientes o piensas? ¿Tu idea de un intercambio abierto se limita a tener una confrontación intensa? ¿Cuándo fue la última vez que tú y tu cónyuge tuvieron una conversación de corazón a corazón, que no fuera un conflicto? ¿Le has mentido a tu esposa(o) en algunas cosas o has guardado secretos deliberadamente? ¿Con qué frecuencia se sientan a hablar? Seamos honestos: generalmente son los hombres quienes tienen dificultad para comunicarse. La mayoría de las veces las esposas necesitan hablar, quieren hablar y tratan de hablar. La mayoría de las mujeres daría lo que fuera si sus esposos se detuvieran y las escucharan. Pero los hombres a menudo no escuchan. No hablan. Se sientan en el silencio y en la superficialidad. Permítanme llamar a esta característica masculina de varias y muy merecidas maneras: Arrogancia. Dureza de corazón. Ignorancia. Atontamiento. El ser de esta forma no es una señal de poder. Hablar y escuchar a nuestras esposas no es el refugio del hombre emocional, afeminado o débil, ni es la necesidad marginal del hombre "macho". Los hombres que piensan que no tienen nada de que hablar están engañados. Si bien todos tenemos temperamentos diferentes, no existe ningún hombre en ninguna parte que no necesite abrirle su corazón a su esposa, tanto si ella lo requiere como si no.

Habiendo hablado tan directamente a los hombres, permítanme decirles que encuentro que la mayoría de las personas casadas (hombres y mujeres) tienen una carencia patética en el área de compartir realmente su corazón entre ellos. El matrimonio no puede ser más satisfactorio o feliz que el grado en el cual le abres tu corazón a tu pareja. Esta no es sólo una opción para quienes quieren un cierto tipo de matrimonio. Es una necesidad para quienes quieren tener un matrimonio, punto. ¿Cómo podemos ser amigos si no hablamos, y cómo podemos ser amantes si no somos amigos? Muchas parejas cojean con una relación superficial durante años. Entonces, un día los niños crecen y se van, dejándolos solos con la escalofriante verdad: son dos extraños que viven bajo el mismo techo.

Nuestro mensaje para ti es que no tiene que ser así. Tú puedes cambiar. Tu esposa(o) puede cambiar. Ustedes pueden construir una relación en la que se comuniquen abierta, consistente y profundamente. Va a requerir trabajo. Va a requerir mucha humildad. Va a exigir negarse a uno mismo y perse-

verar. En una palabra, será todo un reto. Pero las recompensas de un matrimonio revivido y renovado son infinitamente
mayores que el esfuerzo que va a requerirse para cambiar.
Pero ¿cómo lo hacemos? ¿Cuáles son las actitudes, acciones y hábitos que dificultan la comunicación? ¿A qué debemos
sobreponernos para abrir el camino hacia una apertura real de
lo que hay en nuestro corazón y en nuestra vida? Hablaremos
en detalle de diez de los problemas más comunes que pueden y
van a acabar la comunicación dentro de nuestro matrimonio.

Asesinos de la comunicación

1. No escuchar

"Mis queridos hermanos, tengan presente esto: Todos deben estar listos para
escuchar, y ser lentos para hablar y para enojarse." (Santiago 1:19)

La comunicación es una calle que va en dos sentidos. Va mucho
más allá de simplemente expresar lo que queremos decir y ganar
la discusión; también significa "escuchar". Si frecuentemente
estás preocupado, y a menudo tienes que pedirle a tu cónyuge que repita lo que acaba de decir, entonces no estás escuchando. Si te encuentras diciendo en voz baja cosas como
"¿Qué?", "¿Ah?", o "No me acuerdo de eso", probablemente no
es que estés sordo, sino que ¡tienes el corazón duro!
    Algunos de nosotros somos grandes oyentes cuando el tema
nos interesa. Escuchamos selectivamente. Si el tema no es
importante para nosotros, escuchamos a medias, nos distrae-
mos o cambiamos de tema. La intensidad de nuestra atención
cuando tenemos un interés personal resalta nuestra apatía
cuando no lo tenemos. Esto puede frustrar a nuestras(os) espo-
sas(os) y servir de tentación para que haya rencor.
    El no escuchar puede parecer sólo una falla menor, pero lo
que indica es: "Realmente, no eres tan importante para mí".
El no escuchar es no mostrar amor y respeto. Podemos excusar-
nos alegremente con un "Oh, es sólo que estoy preocupado",

pero realmente quiere decir que nuestra preocupación por nosotros es mayor que nuestra preocupación por la otra persona.

Una vez más los hombres son los grandes ofensores (aunque he conocido a algunas mujeres que eran notoriamente pobres oyentes). No sé por qué nos destacamos en esta falla de la comunicación. Tal vez los hombres siempre están cansados después del trabajo, pero ¿no lo están también las mujeres? O tal vez la genética masculina está misteriosamente predispuesta hacia la preocupación y el egoísmo. Pero cualquiera que sea la raíz, la causa, la razón o la excusa, los hombres simplemente tienen dificultad prestándole atención a sus esposas, y esto debe cambiar.

La forma de cambiar es... ¡cambiando! Comprométete a que cuando tu esposa(o) se dirija a ti vas a dejar de hacer lo que estés haciendo, vas a cambiar tu enfoque mental, la(o) vas a mirar a los ojos, y vas a escuchar con atención y amor cada palabra que diga. (Esposos, al prepararse para este cambio compren algunas sales aromáticas que puedan utilizar para reanimar a sus esposas ¡cuando se desmayen por la impresión!).

2. Escuchar a la defensiva

"Es necio y vergonzoso
responder antes de escuchar."
(Proverbios 18:13)

El escuchar "a la defensiva" se hace no para oír y considerar las palabras de nuestras parejas, sino simplemente para darnos tiempo de preparar una respuesta. En realidad nunca consideramos seriamente sus opiniones o sus sentimientos. Hasta terminamos las frases por nuestras(os) esposas(os), como si ellas(ellos) necesitaran de nuestra agilidad mental para ayudarles a terminar la oración. ¡Oh!, odiamos cuando ellas (ellos) lo hacen, ¡hasta podemos ver los engranajes de su cerebro girando mientras hablamos! Algunos de nosotros estamos a la defensiva hasta cuando nadie nos está atacando. "¿Qué quieres decir con eso?", es nuestra continua y gastada respuesta. En lugar de escuchar lo que se dice, formulamos todo nuestro proceso de pensamiento para protegernos. Nuestros tonos de voz y nuestras reacciones reflejan un gran problema: el pecado del orgullo.

Estamos a la defensiva porque asumimos que tenemos la razón la mayoría de las veces. "No me confundas con los hechos; ya tomé una decisión", es nuestro lema. ¿Alguna vez te detuviste a pensar que tu esposa(o) podría tener algo de sabiduría?, ¿que él o ella hasta podría tener la razón o una idea mejor?

La defensiva trae defensiva. Si estás a la defensiva y eres obstinado(a), tu esposa(o) se convertirá o en un tapete para limpiarse los pies (¡además de estar frustrada!), o en una(un) oponente, siempre cuidándose y preparándose para el siguiente enfrentamiento verbal.

Geri y yo trabajamos una vez con una pareja que estaba extremadamente defensiva en su relación, incluso en los asuntos más mínimos. Ambos eran emocionales y obstinados. A menudo él se expresaba sarcásticamente, lo cual hería los sentimientos de ella y la llevaba a responder de igual manera. Después de un largo período de observarlos y escucharlos, descubrimos que, de hecho, el esposo tenía el corazón más tierno y estaba más dispuesto a escuchar y a cambiar. El mayor obstáculo era la arrogancia de su esposa. Ella estaba a la defensiva, era altanera y emocional con nosotros incluso cuando tratábamos de aconsejarla. Geri y yo nos empezamos a sentir provocados en nuestras interacciones con ella, y así nos dimos cuenta de las dificultades que enfrentaba su esposo. La retamos. Ella reaccionó defensivamente (¡por supuesto!). Su esposo se enderezó en la silla con un nuevo brillo de esperanza en los ojos. Insistimos. Reaccionó mucho peor, pero eventualmente tomó conciencia de lo que estábamos diciendo. Se avergonzó profundamente de su orgullo, le pidió perdón a su esposo y tomó la decisión de cambiar (igual que él).

Todavía hay baches ocasionales en su relación, pero están aprendiendo cómo escucharse el uno al otro con respeto y con paciencia. Como resultado, ahora hay una paz entre ellos que antes no existía.

3. No respetar el punto de vista de tu cónyuge

"Al necio no le complace el discernimiento;
tan sólo hace alarde de su propia opinión."
(Proverbios 18:2)

Muchos de nosotros mantenemos la actitud de tener siempre la razón, y de que "sabemos más que nadie", especialmente más que nuestras parejas. Tenemos respuestas rápidas. Nuestro ejercicio principal es ¡saltar a conclusiones! Nos sentimos libres para contradecir y corregir a nuestra pareja, a menudo frente a otras personas. Decimos cosas como "Lo que ella realmente quiere decir es..." o "Perdona a mi esposo, él es tan...". Esto es desconsiderado y vergonzoso y muestra una actitud irrespetuosa. Si te encuentras mejorando o alterando repetidamente lo que tu esposo o tu esposa está diciendo, tienes un verdadero problema. De hecho, tal vez no "te encuentres" haciéndolo, porque es un hábito que lleva mucho tiempo escondido dentro de tu sentido de superioridad. Con toda probabilidad se te tendrá que hacer ver esta falla de comunicación, pues es poco probable que puedas verla por ti mismo(a).

4. Comentarios cortantes y críticos

"Eviten toda conversación obscena. Por el contrario,
que sus palabras contribuyan a la necesaria edificación y sean
de bendición para quienes escuchan." (Efesios 4:29)

La lengua que corta, fustiga y hiere es uno de los problemas más letales, comunes e hirientes del matrimonio. Habla con

tonos teñidos de sarcasmo y apagados murmullos de amargura.
Se expresa a sí misma con una sinceridad falsa y con gritos
hirientes, nombres insultantes y maldiciones. Disfraza su
crítica con humor cruel, con burlas y comentarios punzantes.
Se muestra en nuestro lenguaje corporal al hacer muecas, vol-
tear los ojos y sacudir la cabeza.

Nos justificamos en nombre de la honestidad: "Siempre digo
exactamente lo que pienso". O sutilmente cambiamos las cosas:
"Perdón, no sabía que eras tan sensible". A pesar de cuán
razonables puedan sonar nuestras excusas a nuestros oídos,
suenan vacías cuando consideramos las palabras inspiradas de
las Escrituras, *"(el amor) No se comporta con rudeza"* (1
Corintios 13:4-5).

Me sorprende la forma como a veces escucho que se hablan
los esposos y las esposas. He visto a parejas llegar hasta
el punto de que yo estaba avergonzado por ellas, pero que
seguían sin vergüenza alguna. Muchos de nosotros tal vez crecimos rodeados de un lenguaje grosero y cortante y no nos
impresionamos al escucharlo. Tal vez algunos han hablado así
por tanto tiempo que ya son insensibles a su efecto brutal.
O podría ser que imitan los patrones mordaces y tajantes de
las series de televisión, donde las personas se atacan unas
a otras con insultos hirientes, desplantes y sarcasmo.
Cualquiera que sea la razón, no existe ninguna excusa para
hablar de forma tal para vengarse, o para humillar o deni-
grar a otros. Tenemos que arrepentirnos radicalmente de cada
expresión pecadora que hemos utilizado.

5. Indirectas

"Más bien, al vivir la verdad con amor, creceremos hasta ser en todo
como aquel que es la cabeza, es decir, Cristo." (Efesios 4:15)

Si ser irrespetuoso es la debilidad de algunos, ser ambiguo
es la debilidad de otros. Con esto me refiero a la utiliza-

ción de indirectas sutiles que envuelven lo que realmente queremos decir. Dejamos caer una indirecta aquí y otra allá, y luego esperamos que nuestra pareja sea a la vez psicólogo y lector de la mente. Y para colmo, si él o ella no descubre lo que queremos, ¡nos molestamos! Tenemos que dejar de jugar este juego egoísta e inmaduro. Injustamente pone una carga en nuestras(os) esposas(os) para que descifren lo que ya sabemos y podríamos decir si quisiéramos. Es una forma de controlar y manipular. Si nos da miedo decir lo que queremos decir, tenemos que sacar el valor para hablar directamente, recordando que nuestros temores por lo general son el miedo a cómo nosotros, y no nuestra pareja, podamos resultar heridos.

6. Callarlo todo

" 'Si se enojan, no pequen'. No dejen que el sol se ponga
estando aún enojados, ni den cabida al diablo." (Efesios 4:26-27)

Algunos tenemos una gran estrategia para evitar el conflicto: ¡no hablar! Pasamos horas o días sin hablar realmente. Cuando estamos molestos, heridos o asustados, nos retiramos en una concha de autoprotección. Nos sumergimos en la rabia, temblamos de temor o nos ahogamos en autocompasión. No resolvemos nada comportándonos así. Callarnos puede ser una forma de manipulación. Al hacerlo forzamos a nuestra pareja a un juego de adivinación o a embarcarse en un viaje de culpabilidad. Lo hacemos para poner una carga sobre ellos para que adivinen qué es lo que nos molesta. ¿Qué van a hacer nuestras(os) esposas(os)? Pueden desgastarse tratando de que hablemos, estallar con frustración ante nosotros, o felizmente seguir su camino indiferentes al hecho de que estamos molestos(as).

Si algo te molesta debes dejar que tu esposa(o) lo sepa. Necesitas elegir el momento y el lugar correctos, pero debes hablarlo o eso que sientes degenerará en amargura y resentimiento. Debes confiar en el plan de Dios, el cual describiré de esta forma: Sácalo a la luz, habla al respecto, resuélvelo y sigue adelante con tu vida.

7. Explotar

"El necio da rienda suelta a su ira,
pero el sabio sabe dominarla."
(Proverbios 29:11)

La ira es una emoción peligrosa. Perder los estribos, perder la calma, y entrar en erupción con furia volcánica es un asunto serio y grave. ¿Cuántas veces hemos deseado haber controlado nuestras palabras iracundas antes de que salieran de nuestra boca? ¿Cuántas veces hemos tenido que pedir perdón por las heridas que hemos causado?

Las personas enojadas generalmente no se dan cuenta de cuán profundamente su pecado hiere a la otra persona. Para nosotros sólo es un estallido emocional, una oportunidad para liberar nuestra rabia; nos sentimos mejor después de decir lo que pensamos. Pero para tu esposo o tu esposa, las palabras duras dejan heridas detrás; heridas como el dolor, la amargura y el temor, que pueden discapacitar su habilidad para confiar y sentirse cerca de ti.

Algunos de nosotros nos excusamos con un "Bueno, mi temperamento es algo fuerte. Está en la familia... tú sabes". Algunos otros de verdad estamos arrepentidos, pero nos sentimos esclavos de nuestra ira. Aun otros de nosotros nos valemos de la ira para intimidar, abusar y conseguir lo que queremos.

Jesús se molestó sólo cuando el honor de Dios estaba en juego o cuando los derechos de los débiles no eran respetados. Cuando lo atacaban a él o a su reputación, permanecía tranquilo y en control de sus emociones. No permitía que las pequeñas frustraciones de la vida lo molestaran o irritaran. Si vamos a ser sus discípulos, debemos imitar su ejemplo de paciencia al tratar con las otras personas.

8. Refunfuñar, quejarse, protestar

"Háganlo todo sin quejas ni contiendas, para que sean intachables y puros, hijos de Dios sin culpa en medio de una generación torcida y depravada. En ella ustedes brillan como estrellas en el firmamento."
(Filipenses 2:14-15)

Es desagradable hablar con alguien que siempre se queja. Todo el tiempo está quejándose sobre la vida –de lo injusta, podrida y difícil que es– y esta actitud puede, de forma muy efectiva, alejar de nosotros a quienes más amamos. El quejarse, como muchos otros problemas de comunicación, es de hecho una falla muy arraigada en el carácter. Aunque otras personas a veces se unen a nuestras protestas, si viéramos lo feo que es quejarse continuamente, nos horrorizaría el tener ese tipo de conversaciones. Tal vez haga falta que uno de los dos en el matrimonio, o un tercero, nos ayude a ver la fealdad de este hábito tan terrible. Cuando nos lo señalan tenemos que escuchar. Nos están diciendo una verdad que debemos oír.

Especialmente es un gran error descargar las dificultades del día en nuestros cónyuges tan pronto nos ven, o llamarles la atención sobre algo que no se ha hecho bien. Es mucho mejor que se saluden cálidamente, expresen lo felices que están de verse y que compartan buenas noticias antes de sacar a relucir las malas.

Una verdadera relación con Dios trae agradecimiento, y esa actitud se refleja en nuestro matrimonio. Cuando el reproche y la queja son la norma, lo que esta actitud muestra no es una falla en nuestra pareja, sino una seria debilidad en nuestra relación con Dios.

9. Mentir

"Los labios sinceros permanecen para siempre,
pero la lengua mentirosa dura sólo un instante."
(Proverbios 12:19)

No podemos tener una relación con alguien a quien le mentimos. No podemos estar cerca de nuestra pareja si existe algún tipo de engaño de por medio. Podemos creer que no importa, que fue algo que ya pasó, pero todavía nos separa. Muy profundo en nuestro corazón sabemos que él o ella no nos conoce realmente. Hay falsedad en nosotros. Podemos comenzar a sentirnos inseguros y sentir que no nos aman. Nos preguntamos, "Si realmente me conocieran, ¿todavía me amarían?". Amar la verdad es la piedra fundamental para construir carácter, y decir la verdad es el paso esencial que tomamos para construir una relación con otros. Si vamos a estar cerca, nuestra pareja debe poder confiar plenamente en nuestra palabra.

¿Eres descuidado(a) con la verdad? ¿Mientes con facilidad, hasta en las cosas "pequeñas"? Podemos pensar que una mentirilla está bien, pero si mentimos por cualquier cosa, no importa cuán grande o pequeña sea la mentira, hemos recortado nuestra relación. "Hoy el tráfico estaba terrible", decimos para enmascarar nuestra falta de disciplina y de consideración por llegar tarde. "No recuerdo que me hayas dicho eso", ofrecemos débilmente para cubrir nuestra negligencia.

La mejor política es simplemente decir la verdad, incluso si eso hace que nos veamos mal. *"Cuando ustedes digan 'sí', que sea realmente sí; y cuando digan 'no', que sea no. Cualquier cosa de más, proviene del maligno"* (Mateo 5:37). La confianza que se construye sobre la verdad es mucho más importante que el mantener tu apariencia cuando mientes. Lo cierto es que no te sales con la tuya; las mentiras siempre salen a la luz. ¡Nuestro Creador escribió en la naturaleza del universo la recompensa de la honestidad y el castigo por la mentira!

Yo quiero que mi esposa pueda confiar plenamente en mis palabras. Quiero que tenga una completa confianza en mí. La recompensa es una relación en paz. Habrá momentos difíciles porque tendré que enfrentar mis pecados y mis debilidades, pero la mentira, que destruye el material del que está hecha la relación, simplemente no va a tener cabida en nuestro matrimonio.

10. Distracciones

"Escúchenme, que diré cosas importantes;
mis labios hablarán con justicia."

(Proverbios 8:6)

Por distracciones quiero decir el sonido insistente del teléfono, la televisión ubicua, la internet intrigante, la radio escandalosa y los audífonos aislantes. Todas estas conveniencias de alta tecnología pueden evitar que tengamos una comunicación real y relajada con nuestros(as) esposos(as). Otra gran cantidad de distracciones legítimas, tales como nuestros hijos, amigos y horarios atareados, pueden mantenernos separados a pesar de nuestras mejores intenciones.

Deben tomarse decisiones radicales para proteger nuestra relación de todas estas intromisiones. Recuerdo que en mis primeros años de matrimonio comencé a desarrollar el mal hábito de ver la televisión durante la cena. Tenía algunas razones jugosas: Podíamos hablar en otro momento; había trabajado todo el día y necesitaba relajarme; la hora de la cena era la única hora en que transmitían este programa tan bueno. Todas estas excusas eran razones perfectas para mí. Finalmente, Geri me dijo cómo se sentía y lo que ella creía (¡ella es una gran comunicadora!): la cena debe ser un momento de descanso en el que compartimos la comida y pasamos un rato conversando. Ella tenía razón. Tomé la decisión. El simple toque de un botón apagó la televisión y resolvió el problema, ¡y nuestro matrimonio prosiguió hacia la gloria!

Ahora sabemos qué no hacer. Pero meramente el leer esta lista no va a cambiar tu matrimonio. Tienes que tomar estas cosas en serio. Debes tratarlas como una amenaza a tu relación y asegurarte que las sacas de tu vida.

Sin embargo, esta es sólo la mitad de la historia. La otra mitad es mucho más positiva. ¿Cómo pueden un esposo y una esposa crear una relación en la cual haya gran comunicación? ¿Qué puede hacerse para comenzar y luego mantener esa comunicación? ¿Cómo podemos hablarnos como nunca antes lo hemos hecho?

Cómo construir la comunicación

1. Busquen sincronía

La comunicación es algo de todo momento, y no algo que hacemos en momentos de crisis. Muchos nos desconectamos de nuestras parejas y esperamos a que los problemas nos obliguen a buscar de nuevo la armonía. Por el contrario, deberíamos desarrollar un paso y una constancia en la conversación que sean rítmicos e instintivos.

2. Pasen juntos tiempos especiales

Además de los momentos diarios de diálogo, necesitamos buscar momentos más largos para estar juntos y conversar. Salgan los dos solos a caminar o a montar en bicicleta. Acuesten a los chicos temprano y pasen una velada tranquila, solos en casa. Tener horarios muy ocupados hace que esto sea todo un reto, pero insistimos en que ambos se vayan a la cama al mismo tiempo. Esto da una oportunidad natural para terminar las actividades y tener algunos minutos de actualización sobre las cosas que pasaron en el día. ¡Esto también puede llevar a otras excitantes formas de comunicación! Vayan a pasar la noche juntos en otra parte. No tienen que esperar hasta su aniversario o cumpleaños, ¡sólo empaquen un maletín y váyanse! No se requiere mucha planeación o dinero para pasar una noche en un hotel o posada cercano. Y hasta una noche fuera de casa puede parecer más larga cuando aprenden a relajarse y a disfrutar el uno del otro. De vez en cuando escuchamos a parejas con hijos adolescentes que no han hecho esto ¡desde que nacieron sus hijos! Estarían en mucha mejor condición para cuidar a esos niños si salieran solos de vez en cuando. Lo que los niños más necesitan es un papá y una mamá que tengan una gran relación. Poco después de que nacieran nuestros dos primeros hijos, Geri y yo nos dimos cuenta de que estábamos viéndonos menos. No parecía que nos sobrara ninguna energía. El tiempo se hizo escaso, se interrumpieron las conversaciones y nuestro matrimonio empezó a sufrir. Resolvimos este dilema consiguiendo una niñera que cuidara a los niños mientras salíamos a desayunar los sábados por la mañana. A medida que los niños fueron creciendo y sus actividades deportivas comenzaron a entrometerse en nuestros desayunos, lo cambiamos por una cita para almorzar todos los lunes. Lo que comenzó como una cita semanal, se ha convertido en una columna en nuestro matrimonio. Hoy en día, con cuatro hijos y una vida mucho más complicada y atareada, este tiempo semanal es una necesidad absoluta no sólo por el bien de la relación, sino para mantener a toda nuestra familia junta y organizada.

3. Sean refrescantemente reales

En su libro *The friendship factor (El factor amistad)*, Alan Loy McGinnis observa:

"Los estudios muestran que, para sorpresa de nadie, las parejas de recién casados hablan entre sí mucho más del doble de lo que lo hacen las parejas que han estado casadas por años. Pero el contenido de lo que se dicen tiene mucho más que la cantidad de sus conversaciones. Al principio es el tipo de conversación que disfrutan los amigos íntimos —la exploración subjetiva y la revelación de creencias y sentimientos, lo que les gusta y disgusta, y el intercambio y comparación de ideas sobre el sexo, temas de estética y planes para el futuro—. Más adelante la conversación es más mundana —decisiones sobre dinero, asuntos del hogar, problemas con los niños—"[1].

Para tener una amistad, las parejas deben hablar de corazón a corazón. Cuando perdemos el enlace profundo entre nuestras almas el matrimonio se estanca, se vacía y pierde vida. Podemos realizar la rutina diaria, pero eso es todo, una tarea, y existe muy poca o casi ninguna intimidad y amistad. En algún punto en el camino nos volvemos superficiales. Ya no hablamos el uno con el otro; simplemente intercambiamos información. Y cuando llegamos a este punto, ambos somos candidatos principales para el adulterio.

Una vez aconsejé a una pareja cuya relación ilustraba vívidamente este problema. Tenían más de diez años de casados, tres hijos hermosos y aparentaban llevar una gran vida. Pero se habían abandonado el uno al otro. Nunca habían aprendido a hablar profundamente el uno con el otro. Habían abusado de las drogas. Se habían mentido uno al otro. Habían seguido por este rumbo hasta que ambos terminaron siéndose infieles. Cuando la mujer confesó con lágrimas su adulterio, le dijo a su esposo: "Quise hablar contigo tantas veces, y no estabas allí para mí".

Por la gracia y el poder de Dios esta historia tuvo un final feliz. Ellos rindieron sus vidas a Dios y encontraron la fuerza para ser abiertos el uno con el otro, perdonarse mutuamente y recuperar su amor. Pero otros aún tienen que aprender esta lección. Puedes decidir que no serán otra trágica estadística, que comenzarán ahora a ser honestos y reales el uno con el otro.

4. Aprendan los niveles

En el libro citado anteriormente, McGinnis señala que existen tres niveles de comunicación: hechos, opiniones y emociones[2]. Para tener un matrimonio cercano es imperativo que aprendamos a comunicarnos verdadera y abiertamente.

Hecho: El esposo llega tarde a una cita para almorzar con su esposa.

La opinión de él: "Es culpa de mi secretaria. Siempre me viene con algo justo cuando estoy listo para salir. Pero todavía podría haber llegado a tiempo si no me hubiera detenido en el puesto de periódicos que estaba camino al automóvil".

La opinión de ella: "¡Otra vez tarde! Pudo haber salido de su oficina más temprano si lo hubiera querido de verdad. Él simplemente me da por sentado. Este es sólo otro ejemplo de su falta de amor y consideración por mí. Y ni siquiera va a escucharme si trato de decirle cómo me siento. Me pregunto si todavía me ama. O, tal vez todo es culpa mía. Siempre me estoy quejando de algo con él".

Las emociones de él: 1) Molesto con su secretaria. 2) Ansiedad por la posible reacción de su esposa. 3) Culpabilidad por su opinión de que pudo haber llegado a tiempo.

Las emociones de ella: 1) Está molesta. 2) Está herida. 3) La impotencia causada por su opinión de que él no la escucha. 4) Temor de que ya él no la ame más. 5) Culpa causada por su opinión de que pueda estar criticando mucho a su esposo.

¿Estás tan perdido(a) como yo en todo esto? ¿Te sorprende que el más sencillo de los eventos humanos pueda volverse tan terriblemente complejo y que ese problema menor pueda explotar como una crisis mayor?

Muchas situaciones pueden volverse más difíciles porque los hombres y las mujeres generalmente se comunican en niveles diferentes. Los hechos y las opiniones son de vital importancia para los hombres; mientras que las emociones y las opiniones lo son para las mujeres. "¿Podemos atenernos a los hechos?", protesta el esposo. "¿Por qué eres tan insensible?", replica la esposa. Discutir de esta forma es inútil, es atacar a la persona, no a la raíz del problema. Por el contrario, necesitamos trabajar en nuestras(os) esposas(os). Debemos reconocer y entender en qué nivel se están comunicando y luego ayudarlas(os) a entender dónde estamos nosotros(as). Cuando lo hacemos vamos en camino a tener un matrimonio bendecido con una excelente comunicación. (En el capítulo 9 trataremos con más detalle el tema de cómo resolver conflictos).

5. Alégrate

Muchos de ustedes creen que todo lo que tiene que ver con comunicación es negativo por naturaleza. En su mente siempre significa lidiar con algo difícil, tedioso, desagradable o duro. ¡No es de extrañarse que teman a cualquier cosa que se asemeje a una conversación profunda! O, si eres "el(la) serio(a)", esta es la razón por la cual tu esposa(o) se queja cada vez que quieres "tener una conversación". Otros creen que para tener cualquier tipo de discusión con sentido se requiere un mínimo de tres horas en un ambiente perfecto y aislado. Esta forma de pensar es una tontería y es irreal, y lo que hace es frustrar a los demás.

"Profundo" no tiene que ser agotador o depresivo. Ser honesto es mucho más que confesar lo que tienes dentro o explorar el lado oscuro de tu alma. La comunicación va más allá de hablar de los problemas, los desacuerdos y las experiencias desagradables. También significa expresar nuestro amor, nuestro aprecio y nuestro respeto por cada uno de nosotros. Eso incluye compartir las buenas noticias y las bondades de la vida. Disfruten de la risa, compartan algunos recuerdos, hablen de sus sueños, compartan sus corazones... ¡y alégrense!

6. Hablen en silencio

Las palabras, frases y oraciones son sólo una pequeña parte de la forma como nos comunicamos. Decimos mucho más con nuestra atención, nuestras expresiones, nuestro tono de voz y el contacto físico.

Atención. Mira a tu esposo(a) cuando hables con él(ella). Préstale toda tu atención. Mírale a los ojos, no sólo en su dirección. Esto le permite saber que estás escuchando y que te preocupas. Es frustrante hablar con alguien que está ocupado; leyendo el periódico, mirando la TV, mezclando algo en una olla, o perdido en sus pensamientos. Si la conversación es ligera, entonces podemos permitirnos escuchar mientras hacemos otra cosa, pero debemos ser sensibles en cuanto a cuándo dejar de hacer lo que estamos haciendo y prestarle toda nuestra atención a nuestro(a) esposo(a).

Expresión. Mira a tu esposo(a) con una expresión cálida y amigable. Sé como Jesús que pudo comunicar su amor a un completo extraño por la expresión de su rostro: *"Jesús lo miró con amor"* (Marcos 10:21). Una mirada en blanco comunica aburrimiento. El entrecejo fruncido transmite preocupación o cansancio al escuchar. El resoplido sarcástico indica falta de respeto. ¿Tengo que seguir? ¡Pon tu corazón en la conversación y dale a tu cara una buena expresión!

Tono. Las mismas palabras dichas en tonos diferentes pueden transmitir varios significados y producir múltiples efectos. Es aquí donde muchos de nosotros tropezamos con nuestra habilidad para comunicarnos. Nuestras palabras pueden ser inofensivas, pero la forma como las decimos puede resultar muy hiriente. Muchos de nosotros utilizamos tonos muy secos. Algunos por hábito, otros con una intención mortal. Otros gimen, otros gruñen, otros se pierden en letanías, y otros se quejan. Enciende una grabadora, déjala escondida en un lugar de mucha actividad dentro de tu casa, olvídate que está encendida y escucha la grabación más tarde. Puedes sorprenderte de lo que vas a escuchar. El casete sólo registra la verdad, así que si tu tono es ofensivo, ¡cámbialo! Aprende a hablar con un tono positivo y agradable en tu voz. *"Panal de miel son las palabras amables: endulzan la vida y dan salud al cuerpo"* (Proverbios 16:24).

Contacto físico. Jesús frecuentemente tocaba a las personas. Él no era distante ni frío: Él tenía contacto físico con las personas en cada situación posible. Él tocó al leproso deformado a quien pudo haber sanado desde lejos: *"Movido*

a compasión, Jesús extendió la mano y tocó al hombre..." (Marcos
1:41). Él tomó en brazos a los niños y los bendijo (Marcos
10:16). Estos y muchos otros ejemplos muestran cómo Jesús
entendió el valor del contacto humano al comunicarnos con
todo tipo de personas.

Ya que los que estamos casados somos "una sola persona",
tenemos que tocarnos libre y frecuentemente. Un matrimonio
donde hay muy poco o ningún contacto físico no es un matrimonio cercano. Tómense de las manos. Estréchense juntos. Dense
un ligero apretón en el hombro cuando pasan caminando el uno
cerca del otro. Siéntense o párense juntos en público. Dense
un masaje relajante en el cuello o los hombros después de un
largo día. Abrácense y bésense al saludarse, o ¡cuando sea!

Un conocido mío nos cuenta una historia de algo que pasó
después de la muerte de su padre. Él se paró detrás de su
madre mientras ella lavaba los platos, y comenzó a darle un
masaje en los hombros. Inmediatamente ella comenzó a llorar.
Se volvió hacia él y le dijo: "Perdóname, pero desde la muerte de tu padre ha pasado mucho tiempo sin que alguien me
tocara". Necesitamos del contacto físico. Nos sana de las
heridas y del dolor, nos consuela y mueve nuestro corazón de
formas que no entendemos. Así que ve y toca a tu pareja, ¡y
libera su poder místico y unificador en tu matrimonio!

7. Muéstrense cortesía

*"¡La vida no se pierde al morir! La vida se pierde
minuto a minuto, con cada día que arrastra a otro día, en las
miles y pequeñas formas como no nos cuidamos."*
Stephen Vincent Benét

Las pequeñas cosas hacen la gran diferencia. La vida no se
compone exclusivamente de grandes eventos; se hace de una
miríada de pequeños momentos que aparentemente pasan inad-
vertidos. A menudo no es la gran herida lo que arruina el
matrimonio, es la acumulación, con el tiempo, de pequeñas

heridas y descortesías. Hace mucho Salomón dijo: *"Atrapen a las zorras, a esas zorras pequeñas que arruinan nuestros viñedos, nuestros viñedos en flor"* (Cantar de los cantares 2:15). Permítanme sugerirles algunas formas para atrapar a las "pequeñas zorras" de la descortesía:

Expresa tu aprecio. Di "gracias" por cada una de las tareas de rutina que tu esposa(o) hace durante el día. Expresa tu gratitud por preparar la comida, doblar la ropa, cortar el césped, cuidar de las finanzas o hacer una diligencia. Este agradecimiento es el aceite que permite a los engranajes de la maquinaria correr suavemente.

Haz pequeños e inesperados favores. Una pequeña demostración de amabilidad, que muestre algo de atención extra para nuestra(o) esposa(o), dice "Te amo" de una forma que las palabras no pueden expresar. Muchas veces después de un día de mucha tensión, mi esposa me regala mi dulce favorito. Eso no resuelve los problemas, pero me hace sentir muchísimo mejor, ¡y sólo cuesta algunos pesos! Algunas mañanas le sirvo café a Geri; se lo preparo como a ella le gusta y se lo llevo para que se lo tome mientras se viste. Una sonrisa le llena el rostro y contesta diciendo algo así como: "Gracias, gracias, mi maravilloso esposo". Si esto te suena un poco exagerado, te digo que ¡no lo descartes hasta que lo hayas intentado!

Aligera la carga. Asume una tarea que generalmente realiza tu pareja. Recoge a los chicos en la escuela. Ofrécete de voluntario(a) para realizar una diligencia aburrida. Haz una llamada telefónica que le ha estado molestando todo el día. Organiza el clóset. Lava el auto. Cuelga los cuadros o las fotografías. Pinta la habitación. Cuadra la chequera. Haz algo que haga su vida menos presionada y apresurada.

Elogia su apariencia. Esposo, déjale saber a tu esposa cuando se ve bien. ¡No hables sólo cuando algo no te gusta, tonto! Elógiala aun cuando no esté con su mejor vestido; dale crédito por verse atractiva en todo momento. No esperes que ella te pregunte cómo se ve. Elógiala sin que te lo sugiera, ¡es más probable que te crea en ese momento! Esposa, también elogia a tu esposo. Él necesita y aprecia que se lo digas aunque sea demasiado orgulloso para aceptarlo.

8. Compartan lo espiritual

"Porque donde dos o tres se reúnen en mi nombre, allí estoy yo en medio de ellos." (Mateo 18:20)

Nuestra relación con Dios es el lazo de unión más fuerte en nuestro matrimonio. La pareja que pasa tiempo junta en oración y estudiando la Biblia estará cerca, ¡mucho más cerca de lo que puedan imaginar! Dedica un tiempo fijo a la semana para orar y tener discusiones espirituales. Durante la semana, oren juntos con frecuencia. Esposos, tomen en serio su liderazgo. Asegúrense de que se den estos tiempos. Tomen la iniciativa. Geri y yo oramos antes de acostarnos al final del día. Generalmente es una oración corta, pero es muy importante para nosotros (¡es difícil irse a la cama disgustados cuando terminan el día con una oración!). También oramos al comer y antes de ir a las reuniones, citas o compromisos sociales. Hacemos nuestro mejor esfuerzo para seguir el consejo de Pablo de "oren continuamente" (1 Tesalonicenses 5:17) y encontramos que es una experiencia gratificante y que nos une. Nos mantiene cerca de Dios y cercanos el uno al otro.

9. Practiquen el principio de la alabanza

"Por último, hermanos, consideren bien todo lo verdadero, todo lo respetable, todo lo justo, todo lo puro, todo lo amable, todo lo digno de admiración, en fin, todo lo que sea excelente o merezca elogio." (Filipenses 4:8)

Enfoca tus pensamientos en las buenas cualidades de tu cónyuge. Si te ocupas de lo puro, lo amoroso, lo admirable, lo excelente y las características merecedoras de alabanza en tu pareja, ambos cosecharán beneficios.

Se ha observado que se requieren cinco elogios para apagar el efecto de una crítica. Haz elogios, y observa a tu esposa(o) –y tu matrimonio– florecer ante tus ojos. Di palabras de amor y de alabanza. Dilas con frecuencia, sin temor, con calidez y sinceridad. ¡No te aguantes! ¿No se te ocurre nada agradable que decir? Te casaste con esa persona por sus grandes cualidades. Haz una lista de esas características y léela cada día durante un mes. ¡Deja de enfocarte en sus debilidades y sus fallas!

Escribe tus sentimientos de amor, agradecimiento y afecto en tarjetas y notas. Algunos de nosotros tenemos dificultades para poner por escrito lo que decimos de forma oral. Aprovecha ocasiones como cumpleaños y aniversarios para capturar tus sentimientos en una tarjeta. Sorpréndela(o) con una nota hecha en un pedazo de papel y pónsela en el espejo, debajo de la almohada, dentro del maletín o de la cartera. Estas son pequeñas formas de expresión que dan alegría al matrimonio y pueden reavivar hasta un amor moribundo.

10. Perdona con fe

> "De modo que se toleren unos a otros y se perdonen
> si alguno tiene queja contra otro. Así como el Señor los perdonó,
> perdonen también ustedes." (Colosenses 4:13)

Si te sientes un poco culpable y frustrado(a) en este momento, es comprensible. Los retos en la comunicación pueden ser avasalladores. En la medida en que nos damos cuenta de las muchas formas como nos hemos equivocado y de las debilidades de nuestro carácter que han ocasionado estas fallas, podemos querer pretender que no existen o rendirnos a la desesperación.

Es ahí donde entra el perdón. Con frecuencia en el matrimonio decimos las cosas incorrectas (¡o dejamos de decir lo que está bien!). Como escribió Santiago: *"El ser humano sabe domar y, en efecto, ha domado toda clase de fieras, de aves, de reptiles y de bestias marinas; pero nadie puede domar la lengua. Es un mal irrefrenable, lleno de veneno mortal"* (Santiago 3:7-8). Tenemos que perdonar y pedir perdón muchas veces. ¿Cuántas veces debemos perdonar? Pedro le hizo esta pregunta a Jesús una vez y sugirió que siete podría ser el límite. Jesús replicó: *"No te digo que hasta siete veces, sino hasta setenta y siete veces"* (Mateo 18:22). Creo que Jesús nos está diciendo que nuestro perdón en la vida (y especialmente en el matrimonio) tendrá que ser tan generoso y confiable como el de Dios. Debemos perdonar una y otra vez. Y debemos expresarlo libremente cuando lo hacemos.

Estos son los principios básicos de la comunicación. Entiéndelos. Trabaja en ellos. Domínalos a la perfección. La comunicación requiere trabajo y compromiso. Los que son flojos no tendrán éxito. Pero cuando te preocupas lo suficiente como para comunicarte, ayudas a tu esposa o esposo a sentir tu amor. Escucha las grandes palabras de Pablo sobre el amor en 1 Corintios 13 y nota cuánto de lo que dice está relacionado directamente con la comunicación y con los principios de los que hemos hablado en este capítulo:

"El amor es paciente, es bondadoso. El amor no es envidioso ni jactancioso ni orgulloso. No se comporta con rudeza, no es egoísta, no se enoja fácilmente, no guarda rencor. El amor no se deleita en la maldad sino que se regocija con la verdad. Todo lo disculpa, todo lo cree, todo lo espera, todo lo soporta" (1 Corintios 13:4-7).

Si no te comunicas, no amas. Si no abrazas estas cualidades del amor, nunca te comunicarás. Según un libro muy popular en tiempos recientes, los hombres parecen ser de un planeta y las mujeres de otro, pero Dios tiene un plan para que nosotros compartamos nuestras vidas, y su plan dará resultados enriquecedores y gratificantes.

cuando un hombre
ama a una mujer

> "Porque el esposo es cabeza de su esposa, así como
> Cristo es cabeza y salvador de la Iglesia (...) Esposos, amen
> a sus esposas así como Cristo amó a la Iglesia... "
> (Efesios 5:23, 25)

Una vez mi familia tuvo un perro *chow chow* grande que se llamaba Bruno. Con su pelo grueso, alborotado y de color rojizo parecía una mezcla entre león y oso. Tenía una complexión gruesa y fuerte, y la lengua negri-azul característica de esa raza. Como vivíamos en Florida, durante los meses de verano teníamos esas lluvias que caen al final de la tarde, rápidas e intensas, y que con la misma rapidez que llegan se van. Bruno tenía un hábito interesante: durante esos aguaceros se quedaba afuera, en el patio de atrás, como si el día estuviera perfectamente soleado, corría por el patio como siempre y parecía indiferente a la lluvia torrencial. Teníamos otro perro, no de raza, que se llamaba Búster y que tenía más sentido común. Cuando llegaban las lluvias, él se escondía en el garaje. Búster entonces miraba con curiosidad (al igual que toda mi familia) a su compañero de patio que se quedaba tan feliz bajo la lluvia.

Más tarde noté otro fenómeno interesante en Bruno. Varias horas después de que pasaran estos chubascos, miraba a su alrededor, se sacudía y corría a buscar refugio en el garaje. Y se quedaba allí por algún tiempo, viendo hacia el patio como si estuviera lloviendo. Perplejo, me puse a reflexionar en esto durante un tiempo y luego me di cuenta de la razón detrás de este extraño comportamiento de Bruno. Bruno veía la lluvia, pero no la sentía inmediatamente. Su pelambre era tan gruesa que hacían falta varias horas para que la humedad la penetrara y llegara a su piel. Le tomaba más tiempo darse cuenta de lo que estaba sucediendo.

Tiempo después en mi vida apliqué el principio de Bruno al mundo humano y, específicamente, al género masculino. Puede ponerse de esta forma: Los hombres no entienden. No son sensibles por naturaleza. Pueden pasarse horas o días en medio de los chubascos en la vida de su esposa y no percibir o sentir lo que le está pasando. Van por ahí pensando que todo está bien cuando no lo está. Debe ser tan obvio como la nariz que tienen en la cara, pero no lo es. De repente, eventualmente, despertarán y sentirán lo que está pasando en realidad. Luego reaccionarán, pero tal vez ya sea demasiado tarde. Puede que la tormenta ya haya pasado. Si los hombres van a sensibilizarse, van a tener que aprender nuevas habilidades.

Hombres, ¡no tienen que ser como Bruno! Sí, debemos ser fuertes, poderosos y confiados, y sí, necesitamos ser firmes; pero también tenemos que ser amorosos y sensibles. Si vamos a ser hombres maduros, si vamos a ser genuinamente masculinos, tiene que existir una forma mejor.

Entonces, ¿cómo hace un hombre para ser un buen esposo? ¿Existe algún manual al que pueda referirse para buscar exactamente lo que tiene que hacer en cada situación? ¿Existe una lista de reglas que pueda seguir y que lo harán el esposo que debe ser?

El énfasis de la Biblia no está en las reglas, sino en los ejemplos. No nos da algo que hacer, sino a alguien a quien imitar. Hay una relación de matrimonio en la que el esposo es el ejemplo perfecto. El hombre puede ver a este esposo y estar completamente seguro de poder imitar su vida y su ejemplo. ¿Quién es este esposo? Jesús. ¿Quién es su esposa? La Iglesia.

La relación entre Jesús y la Iglesia es el patrón que Dios quiere que los hombres sigan al construir su matrimonio. Dios no presenta muchas reglas específicas; reglas del tipo "si esto sucede, haz lo siguiente". El matrimonio es, simplemente, una empresa demasiado grande y dinámica como para reducirlo a un conjunto de reglas. Por el contrario, a los hombres se les muestra una actitud para tener y un modelo para imitar. Y Jesús posee esa actitud, y es ese modelo. Dios le da este reto a los esposos: Sean como Jesús en la forma como tratan a sus esposas. En cualquier situación que surja en su matrimonio, el esposo debe preguntarse: "¿Qué haría Jesús?". La relación de Jesús con la Iglesia puede resumirse en dos grandes conceptos: Él la lidera y él la ama.

El esposo como líder

Hoy en día existe una gran confusión acerca de lo que es el liderazgo del esposo en el matrimonio. Es muy importante que lo discutamos aquí. Les pido que abran su mente y sus ojos a lo que Dios tiene que decir con respecto a este tema tan crítico y difícil.

La Biblia nos enseña que *"el esposo es la cabeza de la esposa"* (Efesios 5:23). Como tal, él tiene el papel de líder en la relación de matrimonio. El que los hombres tengan que liderar no es una mera convención social; es intrínseco de la verdadera naturaleza de la creación:

"Ahora bien, quiero que entiendan que Cristo es la cabeza de todo hombre, mientras que el hombre es la cabeza de la mujer y Dios es la cabeza de Cristo". (1 Corintios 11:3)

Este principio se aclara aun más por el cargo dado a las esposas: *"... sométanse a sus propios esposos como al Señor"* (Efesios 5:22). Dios ha ordenado y arreglado el matrimonio para que los hombres lideren a sus esposas. Esta es la clara e inequívoca enseñanza de la Biblia.

Tú, como esposo, estás a cargo. No es arrogante ni presuntuoso que lideres. Está mal si no lo haces. El matrimonio es una sociedad, pero el esposo es el socio principal, y ha sido puesto en ese cargo por Dios. El esposo debe ser el líder que escucha, analiza y considera, pero que también tiene la responsabilidad de la decisión final. Hay un momento para que el esposo renuncie a sus derechos y deseos y se someta a su esposa; pero nunca debe hacerlo por debilidad, ni debe renunciar a su posición de liderazgo. Muchos esposos han abandonado su papel de líderes. Están vacíos y solos. Se hallan demasiado preocupados, ocupados y distraídos para asumir la responsabilidad que Dios les ha dado. Otros son débiles y se sienten intimidados. Tal vez la personalidad dominante y agresiva de sus esposas ha dominado su masculinidad, o puede ser que ellas sientan que deben actuar de esta forma para compensar el vacío que ha ocasionado la falta de confianza propia del esposo. Es posible que nuestra cultura con sus actitudes humanísticas y reacciones exageradas hacia las injusticias masculinas haya despojado a algunos de nosotros de nuestras convicciones. Otros podemos estar deprimidos y desanimados; a medida que vamos envejeciendo, las dificultades de la vida nos han acabado y han disminuido nuestra motivación para seguir luchando. Algunos de nosotros nos hemos retirado del liderazgo porque somos cínicos, estamos molestos y amargados. Tal vez vimos que nuestros padres maltrataban a nuestras madres, o recordamos con vergüenza nuestra propia rudeza y, al alejarnos de esos errores, nos hemos separado por completo de nuestra posición de liderazgo.

Ninguna de éstas es un respuesta apropiada. Cuando las circunstancias nos retan, Dios no se deshace del plan; ¡Él hace a un hombre mejor! Dios no está tan preocupado por la posición de liderazgo como lo está por el corazón del líder. Él da la posición y luego nos enseña cómo cubrirla. El modelo correcto y el motivo correcto producirán el método correcto. El modelo es Jesús. Su motivo es amar.

El esposo como amante

Esposos, estamos retados a amar a nuestras esposas con el mayor amor que se haya demostrado: el amor de Cristo por su Iglesia. Más que cualquier otra cosa que hagamos por nuestras esposas, tenemos que amarlas. Tenemos que amarlas con todo nuestro ser, todo nuestro corazón y toda nuestra pasión. El único amor que va a sobrepasar el amor que sentimos por nuestras esposas es nuestro amor a Dios. En este definitivo pasaje para los esposos, Pablo describe varias formas específicas como debemos amar:

"Esposos, amen a sus esposas, así como Cristo amó a la Iglesia y se entregó por ella para hacerla santa. Él la purificó, lavándola con agua mediante la Palabra, para presentársela a sí mismo como una iglesia radiante, sin mancha ni arruga ni ninguna otra imperfección, sino santa e intachable. Así mismo, el esposo debe amar a su esposa como a su propio cuerpo. El que ama a su esposa se ama a sí mismo, pues nadie ha odiado jamás a su propio cuerpo; al contrario, lo alimenta y lo cuida, así como Cristo hace con la Iglesia, porque somos miembros de su cuerpo. 'Por eso dejará el hombre a su padre y a su madre, y se unirá a su esposa, y los dos llegarán a ser un solo cuerpo'. Esto es un misterio profundo; yo me refiero a Cristo y a la Iglesia. En todo caso, cada uno de ustedes ame también a su esposa como a sí mismo, y que la esposa respete a su esposo." (Efesios 5:25-33)

Un amor que no es egoísta

El amor de Jesús por su Iglesia fue tan grande que *"se entregó por ella"* (Efesios 5:25). Él amó a su Iglesia lo suficiente como para morir por ella. Por su novia, la Iglesia, voluntariamente soportó privaciones, abusos, burlas, sufrimientos, dolor y tortura. Renunció a su propia voluntad para que ella pudiera ser salva. Durante toda su vida, voluntariamente puso su interés propio a un lado para poder servirla y salvarla. Cualquier liderazgo que tuvo no fue para gloriarse en su poder o para obtener algún beneficio personal; su liderazgo fue para la bendición y el beneficio de su novia. Aparte de no pecar contra Dios, no hubo nada que Jesús no hiciera para demostrar y probar su amor, y ganar el corazón de su novia.

Como esposos debemos sacrificarnos por nuestras esposas de varias maneras. Debemos renunciar a nuestro tiempo. Un hombre debe estar dispuesto a renunciar a lo que le gusta hacer para satisfacer las necesidades de su esposa y pasar tiempo con ella. Si no estamos dispuestos a hacer esto, ¿cómo podemos decir, y cómo pueden ellas sentir, que las amamos profundamente? Debemos darles nuestra energía. Para amar se requieren inmensas cantidades de fuerza física y emocional. Jesús dio mucho de sí mismo. Él estaba tan cansado que podía dormir tranquilamente en medio de una fuerte tormenta (Marcos 4:35-39), y estaba tan exhausto que finalmente cayó bajo el peso de su cruz, pero aun así amó. Como discípulos de Jesús, tenemos un buen número de necesidades que reclaman nuestra atención. Podemos sentirnos inclinados a ir en varias direcciones. Hay niños que amar y cristianos que servir. Luego están los pobres y los perdidos, pero nuestras esposas no deben recibir los residuos. Dios te bendecirá cuando pongas las necesidades de tu esposa por encima de todo lo demás, dándole tu fuerza para ayudarla y para ayudar a otros. ¿Cuánto esfuerzo real estás haciendo para mostrarle tu amor a tu esposa? Debemos renunciar a nuestros deseos. Jesús no vino a que le sirvieran sino a servir y a dar su vida (Mateo 20:25-28). Un hombre que tiene que tenerlo todo como él quiere no ama a su esposa.

Jesús sabía que él era el Señor de su Iglesia, pero se humilló para servir, para hacer la más baja de las tareas: lavar los pies (Juan 13:1-17.) Él nos retó: *"Pues si yo, el Señor y el Maestro, les he lavado los pies, también ustedes deben lavarse los pies los unos a los otros"* (Juan 13:14). Un hombre debe aprender a amar y servir a su esposa y mantener su rol en el liderazgo. Jesús no iba a dar privilegios a su "esposa" si ello implicaba rendirse al egoísmo de ella o debilitar su obediencia a Dios; Jesús no iba a ser débil y comprometer sus valores. Pero voluntariamente renunció a sus placeres y comodidad para satisfacer las necesidades de su esposa, y eso es lo que los esposos también deben hacer.

Un amor sensible

Pablo escribió que *"los esposos deben amar a sus esposas como a su propio cuerpo"* (Efesios 5:28). Esta escritura describe el tipo de amor especial que los esposos deben tener, un amor sensible. Las esposas deben ser amadas con un profundo grado de sentimiento. Como somos un solo cuerpo (Efesios 5:31), debemos tratar a nuestras esposas como si fueran parte de nuestro propio cuerpo.

Los hombres son notoriamente insensibles. Si no fuera así, ¿por qué entonces nos repiten una y otra vez que seamos sensibles? Si hay un momento en el que más veo el dolor de las esposas, es cuando sus sentimientos no son comprendidos o considerados por sus esposos. La herida puede vislumbrarse profundamente en la mirada de la mujer, o puede surgir como una ráfaga de cinismo y amargura; pero es indudable que existe. Me duele ver a las mujeres que viven con esposos insensibles y sin sentimientos. La mujer que está casada con un hombre gentil, amable y amoroso, lo muestra. El objetivo de Jesús es que su Iglesia esté "radiante" (Efesios 5:27). El lenguaje original trasmite la idea de que ella fue creada para ser "gloriosa". Si la meta de Jesús es que su esposa sea radiante y gloriosa, entonces nuestra meta para nuestras esposas debe ser la misma. Una esposa debe tener una chispa en sus ojos, la confianza de lo que es, y la alegría en su sonrisa. De ella debe fluir el gozo y siempre debe estar radiante, debe ser instintiva, sin poses ni restricciones. Ella tendrá confianza sin necesidad de arrogancia o premeditación porque está profundamente segura del amor que la nutre: el amor de su esposo.

Esposos, se nos enseña a amar a nuestras esposas como a nuestro cuerpo. Tenemos que ser sensibles a las necesidades de nuestra pareja, cualesquiera que éstas sean, así como lo somos con nuestras necesidades físicas. En Efesios 5:29 se utilizan dos palabras para describir este amor. La primera, que se traduce como "alimentar", lleva el mensaje de darle de comer a un niño y llevarlo a la madurez: estar seguro de que recibe la alimentación adecuada para llevarlo a su completo crecimiento. La segunda, que se traduce como "cuidar", lleva la idea de "apreciar, estimar": mostrar amor tierno y afecto. Estas palabras describen el tipo de amor sensible que los hombres deben tener. En la medida en que estamos conscientes de las necesidades de nuestro cuerpo y respondemos a ellas, de la misma forma debemos estar conscientes y dispuestos a cubrir las necesidades de nuestras esposas. Jesús no ama a su Iglesia desde lejos y con frialdad. Él siente por y con ella. No es un amor de compromiso o superficial, sino un amor compasivo y tierno. Él experimenta sentimientos y emociones profundas por su novia.

Los esposos deben ser sensibles a las necesidades emocionales de sus esposas. ¿Está desanimada? ¿Está sola? ¿Está frustrada? Como esposo, debes estar consciente de cualquier sentimiento de esta naturaleza. No debes ser lento en darte cuenta de estas situaciones. Tienes que conocer tan bien a tu esposa y cuidarla tanto que inmediata e instintivamente puedas ver cuáles son sus necesidades, sin que siempre tenga que decírtelo.

Tenemos que ser sensibles a las necesidades físicas de nuestras esposas. ¿Está cansada? ¿Agotada? ¿Enferma? ¿Tiene alguna indisposición física? Pedro dice que las mujeres son la pareja más "delicada" (1 Pedro 3:7). Esta es una simple referencia al hecho de que las mujeres, por naturaleza, no son tan fuertes como los hombres. Esto no tiene nada que ver con superioridad o inferioridad, sino con un simple hecho biológico. A menudo los hombres son insensibles a la inferioridad en fuerza y vigor físicos de sus esposas. Si está agotada y cansada, debemos tomar la iniciativa y ayudarla para que pueda descansar. Si está enferma, tenemos que ayudarla para que se recupere.

Hombres, seamos honestos: nos consentimos a nosotros mismos cuando estamos enfermos. ¡La casa se convierte en un hospital cuando nos sentimos mal! Enviamos corriendo a nuestras esposas a comprar medicinas, que nos hagan consomé de pollo, y que mantengan todo en absoluto silencio. "¡Dile a ese gato que deje de saltar por toda la sala!", grita el hombre enfermo desde el santuario de su habitación. Pero ¿cuándo nuestras esposas se enferman? "Cariño, sólo pasa la aspiradora por toda la casa, haz la cena y ve a trabajar. Así sudarás la fiebre y se te quitará todo". ¡Y nos preguntamos por qué existe un movimiento para la liberación de la mujer!

También tenemos que ser sensibles a las necesidades sociales de nuestra esposa. A veces las mujeres se encuentran ahogadas socialmente porque sienten como si toda su vida girara en torno a su esposo y sus hijos. En un sentido, esto es verdad tanto para los esposos como para las esposas; las relaciones más significativas en términos de tiempo e inversión emocional son las de nuestro propio hogar. Pero no podemos limitar a nuestras esposas a estos pocos contactos sociales. Esposo, sin importar cuán maravilloso seas, no eres suficiente. Y sin importar cuán especiales y encantadores sean nuestros hijos, tampoco son suficientes. Las mujeres necesitan estar en contacto con otros amigos adultos fuera del círculo familiar. Necesitamos relacionarnos con otras parejas con las que podamos salir y divertirnos. Necesitamos personas con quienes podamos distraernos, reírnos, relajarnos y disfrutar de conversaciones de adultos. Las mujeres también necesitan tener amistades con otras mujeres. Es algo increíble y saludable, y debes animarla y ayudarla a que pase tiempo con sus amigas. Esta compañía no puede ni debe ocupar tu lugar (o el de tus hijos) en el corazón de tu esposa, pero es una parte esencial de su vida, y le estás haciendo daño si no la animas a satisfacer esta necesidad social tan vital.

Debemos ser sensibles a las necesidades espirituales de nuestras esposas. Como esposo, tú, más que nadie, debes animar a tu esposa en su relación con Dios y en su vida espiritual. Debes orar y hablar de temas espirituales con ella. Debes animarla y liderarla a poner a Dios primero y a crecer espiritualmente. Debes animarla a tener un tiempo diario de oración y de estudio de la Biblia (y si es necesario, ayúdala con los niños para que tenga cierta privacidad). Cuando veas que tu esposa está débil espiritualmente, debes preocuparte y ayudarla, y no esperar a que alguien más venga y lo resuelva. Tristemente, es mi experiencia que por lo general es la esposa, y no el esposo, quien es más sensible espiritualmente. De alguna forma los hombres se han hecho la idea de que la espiritualidad es "cosa de mujeres". La imagen clásica es la de una esposa rogándole a su reacio esposo para que vaya a la iglesia y que se preocupe por los valores espirituales. El plan de Dios es que el hombre lidere el camino en esta área y que ame a su esposa lo suficiente como para retarla con la Palabra y con hechos a ser más fuerte en la fe.

Un amor exclusivo

"Por eso dejará el hombre a su padre y a su madre, y se unirá a su esposa, y los dos llegarán a ser un solo cuerpo" (Efesios 5:31). Nuestro amor por nuestras esposas debe ocupar el primer lugar en nuestros corazones. Sólo Dios va a recibir la mayor devoción. Somos "un solo cuerpo" con nuestra esposa. Somos una persona. No existe otra relación como ésta y, por lo tanto, no hay amor humano que sea mayor. La lealtad y el amor por nuestras esposas debe ser mayor que la lealtad hacia nuestros padres. Tenemos que amarlas y construir una vida con nuestras esposas.

Algunos de nosotros no hemos puesto a nuestras esposas en esta posición única. Tenemos otros amores que son más influyentes. Tal vez sea nuestro amor por nuestros padres y madres. Esto se evidencia en que somos más leales a ellos que a nuestras esposas. Les permitimos que nos critiquen y nos distancien de nuestras esposas. Les permitimos que dicten las prioridades para nuestras vidas. Si bien siempre debemos honrar a nuestros padres, nuestras esposas deben estar en primer lugar. Este es un compromiso que necesitamos establecer, uno que ellas deben saber y sentir que hemos hecho. No podemos disminuir la lealtad hacia nuestras esposas para complacer a nuestros padres. No debemos estar más atados emocionalmente a ellos que a nuestras esposas, ni podemos seguir dependiendo de ellos. Necesitamos construir una vida junto con nuestras esposas, poniendo a Jesucristo como base de la relación.

Para otros, el trabajo ocupa el primer lugar. Cuando el trabajo nos llama, saltamos, aunque eso signifique dañar nuestro matrimonio. Hay un lugar para sacrificarnos al hacer nuestro trabajo y ser un buen empleado, pero ninguna carrera debe estar jamás por encima de nuestra esposa (o de nuestros hijos). Ninguna cantidad de dinero, prestigio o satisfacción personal debe hacernos descuidar a nuestras esposas.

Y, por supuesto, ninguna otra mujer deberá jamás ocupar ningún lugar en nuestro corazón o en nuestro interés. El hombre que tenga tendencias en esta dirección debe lidiar con ello de forma decisiva siendo abierto con Dios y con otro hombre que sea su amigo y que mantenga los estándares de Dios. Nuestras esposas no deben tener ninguna duda de cuál es su posición en nuestra vida. Una esposa debe estar completamente segura de que ella es la número uno y de que ¡nadie más está cerca! Cuando ella sepa esto, tendrás las bases sobre las que puedes levantar un gran matrimonio.

Un amor que toma la iniciativa

"Esposos, amen a sus esposas como Cristo amó a su iglesia" (Efesios 5:25). Siempre me ha sorprendido la forma como Cristo nos amó primero. Él empezó a amarnos antes de que nosotros lo amáramos a él; y él se preocupó por nosotros antes de que nosotros nos preocupáramos por él. Si Jesús hubiera esperado que la iglesia lo amara primero, ¡todavía estaría esperando! Nuestro amor por Jesús es un amor de "porque": *"Nosotros amamos porque él nos amó primero"* (1 Juan 4:19, –con énfasis extra–). Nuestra relación con Jesús comenzó porque él nos amó primero y porque nunca ha dejado de amarnos. Él es el que inicia y nosotros le respondemos.

Durante el cortejo, generalmente los hombres son los que dan el primer paso. Incluso si la mujer es la primera en estar interesada, en algún momento el hombre tiene que comenzar a tomar el liderazgo. Una vez que nos casamos, este patrón debe continuar o el matrimonio sufrirá. Sobre todo, la esposa sufrirá. Continuamente tendrá la incertidumbre de no saber cómo se siente su esposo con ella y eso la hará mostrarse insegura. Estando en el rol de seguidor, ella desea que la amen y la protejan. Si esa seguridad no está ahí, ella va a sentir que no es la adecuada y que no tiene valor. Puede comenzar a buscar el amor que le falta en otra parte: sus hijos, sus padres, su trabajo, sus amigos u otro hombre.

Hombres, debemos tomar la iniciativa en el amor. Aunque ya tengamos varios años de casados, necesitamos ser agresivos en dar nuestro amor y seguridad a nuestras esposas. Nunca debemos refrenarnos en demostrar con palabras y acciones nuestro amor a nuestras esposas. Debemos ser una fuente de amor para nuestras esposas. Muchas veces he escuchado que los hombres dicen que sus esposas y sus hijos no los aman ni aprecian. Mi respuesta a su queja es: si tú das tu amor generosamente, recibirás amor de vuelta. Tu esposa estará completamente dedicada a ti porque la amas como nadie más lo hace. Y lo mismo sucederá con tus hijos.

Toma la iniciativa. Muéstrale tu amor. Escríbele tarjetas, dale regalos y llévala a lugares especiales. Sé un caballero. Muestra cortesía y consideración extraordinarias. Dile palabras de amor. No esperes a que ella dé el primer paso. De esta forma, estarás imitando a Jesús, quien tomó la iniciativa al amar a su Iglesia y siguió ganando su amor con su amor inalterable, su continua atención y su sustento.

Un amor sin amarguras

"Esposos, amen a sus esposas y no sean duros con ellas" (Colosenses 3:1). La palabra "duros" en el versículo anterior significa, en su raíz, "amargar". Es la misma raíz de la palabra utilizada en Hebreos 12:15 para referirse a la "raíz amarga". Una buena traducción también podría ser "Esposos, amen a sus esposas y no sean amargados con ellas". El versículo es una advertencia a los esposos para que no estén amargados o frustrados con sus esposas; que no sean hombres quejumbrosos, críticos o enojones.

Esposos, pregúntense, ¿Estoy amargado con mi esposa? ¿Tengo una actitud crítica? ¿La hago sentir como si nunca hiciera nada bien? Si estás amargado con tu esposa, ella puede sentirse de igual forma hacia ti; así es que hazte otra pregunta: ¿Está mi esposa radiante y feliz o está amargada? Si está amargada, entonces mírate en el espejo y pregúntate si es tu culpa. Ella está en la posición de seguidor. Si tú, como su líder, no la tratas con amor, puedes llevarla hacia la amargura. Piensa en eso desde tu perspectiva: si tuvieras a un jefe que siempre está criticándote, que es injusto y duro y que siempre está quejándose de tu trabajo, ¿cómo te sentirías? Si descuidas y criticas a tu esposa todo el tiempo, haces que se sienta de la misma forma. Quienes de nosotros hayamos culpado a nuestras esposas de estar amargadas, de su falta de espiritualidad y agradecimiento, tenemos que asumir nuestra responsabilidad en el problema. Un esposo puede hacer mucho para que la vida de su esposa sea más alegre y espiritual si se preocupa por ella con ternura.

Una vez un amigo le preguntó a una mujer, "¿Todos los días te levantas con disgusto?". Ella respondió, "No. ¡A veces lo dejo que duerma!". Esto me recuerda otra historia sobre una mujer que vivía con un esposo duro y crítico. Ella decidió que lo iba a tratar con gentileza aunque no fuera fácil vivir con él. Una mañana le hizo su desayuno favorito: huevos revueltos, tocineta, pan tostado, jugo de naranja y café. Lo puso en una hermosa bandeja decorada con flores y con el periódico de la mañana, y se lo llevó a la habitación para que desayunara en la cama. Él gruñó y dijo molesto: "No quería huevos revueltos, los quería fritos". Con una sonrisa, ella le dijo: "Lo siento cariño". La mañana siguiente volvió a intentarlo pero con huevos fritos. Cuando llegó a su esposo con la bandeja bellamente arreglada, el esposo replicó: "Hoy quería huevos revueltos". Imperturbable, la mujer se dijo: "Ya sé lo que haré, le llevaré un huevo frito y otro revuelto". La mañana siguiente le llevó un plato donde iban un huevo frito y otro revuelto. El esposo la miró con su típi-

co ceño fruncido y dijo: "¡Revolviste el huevo que no era!".
Esposos, ¡espero que no estemos tan mal!

Un amor considerado

"De igual manera, ustedes esposos, sean comprensivos
en su vida conyugal, tratando cada uno a su esposa con respeto,
ya que como mujer es más delicada, y ambos son herederos del grato
don de la vida. Así nada estorbará las oraciones de ustedes."
(1 Pedro 3:7)

Primero, Pedro nos dice que debemos ser considerados con
nuestras esposas. La traducción literal de esta frase es
"vivan juntos y entiéndase". Amar a nuestras esposas es
entender su naturaleza. Debemos tratarlas como mujeres,
no como hombres. Tenemos que tratarlas como a nuestras
esposas, no como a una empleada o nuestra sirvienta personal. Muchos de nosotros, hombres, no entendemos ni la
naturaleza femenina de nuestras esposas ni su rol de
seguidoras. Dios ha diseñado su naturaleza femenina para
que se enriquezca cuando les damos nuestro amor y atención; y en su rol de seguidoras, ellas necesitan nuestra
consideración.

Segundo, Pedro dice que debemos tratar a nuestras esposas con respeto. Una traducción más literal es "mostrándo-
les honor". Esto quiere decir que en público y en privado
debemos tratar a nuestras esposas con todo el respeto. En
privado debemos halagar a nuestras esposas por sus grandes cualidades y decirles continuamente cuánto las admiramos y las apreciamos. Ante nuestros hijos y familiares
debemos tener a nuestras esposas como las mujeres a quienes reverenciamos y apreciamos. En la presencia de nuestros amigos, compañeros de trabajo y vecinos, debemos
enaltecerlas con halagos y apreciación. Debemos hacer esto
cuando están presentes y cuando están ausentes. Este tipo

de trato hace que la mujer florezca con una alta autoestima. También se enamora más de su esposo con cada halago que él le da.

Tercero, en esta escritura Pedro nota que nuestras esposas heredan junto con nosotros el precioso don de la vida. Como hombres, somos los líderes, pero debemos recordar que ante Dios, nuestras esposas son nuestros iguales. No somos superiores. A veces creemos que, porque estamos en la posición de liderazgo, somos mejores que nuestras esposas. Nada puede estar más lejos de la verdad. He tenido el privilegio de servir como líder en la Iglesia de Dios por muchos años, y puedo decir que lidero a mucha gente con mucho más talento que el mío. Muchas de ellas tienen cualidades en su carácter que son superiores a las mías. Soy su líder porque tengo el talento y la habilidad para hacerlo, no porque soy superior por naturaleza. Si comienzo a sentir que soy mejor que ellos me convertiré en un líder arrogante y opresivo. Cualquier persona que sea liderada por un hombre así, hasta mi esposa, puede perder su corazón, sentirse desanimada y perder la fe y la confianza.

Cuarto, Pedro nos da una advertencia solemne en esta escritura. Él dice que si no vamos a tratar a nuestras esposas con respeto, Dios no escuchará nuestras oraciones. Dios ve el irrespeto a la esposa como irrespeto hacia Él. Dios se opone a los líderes dictatoriales y opresivos. Al final Él es quien va a juzgarlos. Esta sombría advertencia sirve para notar que Dios nos hace responsables, como esposos, por la forma como tratamos a nuestras esposas. Debemos luchar con todo nuestro corazón por amar a nuestras esposas como Cristo amó a su Iglesia.

Para ser unos esposos efectivos tenemos que ser excelentes en nuestro papel de amantes y en nuestro papel de líderes. No podemos elegir uno y rechazar el otro. Lamentablemente, esto es lo que veo que hacen muchos esposos.

Algunos de nosotros queremos ser los líderes fuertes y poderosos de nuestras esposas, pero no deseamos amarlas de la misma
manera. Somos decisivos y autoritarios, pero nos faltan la compasión y la ternura de Jesús. Nuestras esposas sufren por eso.
Ellas se ven y se sienten abatidas y les falta la confianza.
No lideramos a nuestras esposas; las llevamos y las empujamos.
No nos ganamos sus corazones; derrotamos su voluntad. Nuestras
esposas no están deseosas de complacernos; tienen miedo de ofen-
dernos. Jesús no lideró de esta forma. Las personas que lo
siguieron se sintieron atraídas hacia su señorío por el amor
que demostró al morir en la cruz (Juan 12:32). Si tu esposa
refleja un espíritu de desánimo, si no está radiante, no te
apresures a culparla por sus inseguridades, su falta de sumisión, su falta de fe y su orgullo. Por el contrario, mira tu
imagen seriamente en el espejo y pregúntate, "¿Estoy amando a
mi esposa de la misma forma como Jesús amó a su Iglesia?".

Otros queremos amar a nuestras esposas, pero no liderarlas.
Somos amables, cuidadosos y considerados, pero carecemos patéti-
camente de la fuerza y la confianza masculinas. Tal vez se deba
a que somos tímidos por naturaleza. Tal vez somos flojos y simplemente no queremos hacer el esfuerzo para liderar. Tal vez hemos
perdido la confianza debido a errores del pasado. No te apresures a decir que tus fallas son por causa de la agresividad de tu
esposa; tu debilidad puede ser la raíz del problema. Tal vez ella
tenga que cambiar, y habrá momentos difíciles para ayudarla a
ver esa necesidad, pero debes seguir adelante. La mayoría de las
mujeres fuertes con quienes he lidiado al dar consejos matrimoniales, han deseado que sus esposos se levanten y las lideren, a
pesar de transmitir la impresión opuesta. He visto el corazón de
muchas mujeres "duras" derretirse de gratitud cuando se die-
ron cuenta de que sus esposos iban a comenzar a proveerlas de
un liderazgo amoroso y dinámico en su matrimonio.

Cualquiera que sea tu área de debilidad, reconócela y cám-
biala. Sé honesto contigo mismo. Toma la firme decisión de que
tú, con la ayuda de Dios y de los demás, serás un esposo que ama
y lidera a su esposa así como Jesús ama y lidera a su Iglesia.

"Ella le es fuente de bien, no de mal, todos los días de su vida..." (Proverbios 31:12)

Existen tres grandes cosas que el hombre necesita de su esposa. Necesita que ella lo respete, que lo complemente y que lo ame.

Respétalo

"... que la esposa respete a su esposo." (Efesios 5:33)

¿Qué significa que la esposa respete a su esposo? Significa que ella debe honrarlo, reverenciarlo y apreciarlo. En su corazón, ella debe valorar a su esposo como hombre y como persona. Él debe saber en su corazón que esta es la forma como ella se siente verdaderamente.

Esposa, la Biblia te enseña a respetar a tu esposo por dos razones básicas. La primera es por su rol de liderazgo en tu matrimonio. Las esposas necesitan someterse a sus esposos así como la Iglesia se somete a su líder, Cristo mismo (Efesios 5:22-24). Dios le ha dado ese rol a tu esposo, y la única forma como los líderes van a liderar efectivamente es si tienen el respeto de quienes están bajo su liderazgo. La segunda razón por la que debes respetar a tu esposo es porque él lo necesita. Así como la esposa debe tener el amor de su esposo para sentirse completa como mujer, el esposo requiere el respeto y la admiración de su esposa para sentirse completo como hombre. Sin tu respeto, tu esposo siempre sentirá un vacío en su alma; así fue como Dios lo hizo.

Si no respetas profundamente a tu esposo, él no se sentirá como un hombre completo, independientemente de lo que
logre realizar en esta vida. En un sentido práctico, él no
puede utilizar sus talentos al máximo a menos que tenga tu
apoyo y tu estima. Muchos hombres cuyas esposas no los respetan pierden el corazón y se hunden en el desánimo y la
depresión. Se sienten fracasados y se debilitan con los años.
Otros hombres reaccionan de manera diferente. Si sienten que
sus esposas no los respetan, se vuelven más agresivos, domi-
nantes y calculadores. Hombres así se tornan ásperos y críticos en un intento de obligar a sus esposas a "enderezar el
camino". Otros hombres buscan su satisfacción en otra parte
para compensar lo que no reciben de sus esposas. Se vuelven
adictos al trabajo, se abstraen en los deportes o se distra-
en involucrándose en múltiples actividades. Puede que busquen
llenar el vacío que sienten tratando de ganar el respeto de
sus compañeros de trabajo, de sus amigos o, lo más trágico
de todo, involucrándose sexualmente con otras mujeres.

Muchas mujeres quieren respetar a sus esposos, pero se
encuentran en un dilema sin solución. Lo expresan de esta
forma: "Es fácil para mí honrar a Jesús; él siempre fue amoroso y vivió una vida perfecta. Mi esposo no es perfecto. De
hecho, tiene muchas debilidades obvias y ha hecho y dicho
cosas que me dificultan el respetarlo". Esta es una preocupación legítima y un problema real con el que deben luchar
las esposas. Entonces, ¿cuál es la solución?

Primero, una vez más debes recordar la forma como Dios ha
ordenado la relación de matrimonio. El esposo es la cabeza de
la esposa. Tú tienes que respetar a tu esposo por el rol de
líder dentro del matrimonio que Dios le ha dado; no por lo
que haya hecho o dejado de hacer. Cuando honras a tu esposo,
honras a Dios, que diseñó el matrimonio y puso al esposo como
líder del mismo. Si te rebelas contra el plan de Dios en este
plano, te rebelarás contra Él de otras formas. Demuestras que
confías más en los criterios del mundo o en los tuyos, que
en los criterios de Dios.

Segundo, debes darte cuenta de que el respeto es algo que se da, no sólo que se gana. Las esposas pueden elegir honrar a sus esposos, a pesar de sus imperfecciones. Es verdad que Jesús se ganó la admiración llevando una vida perfecta; de igual modo, los esposos necesitan ganarse el respeto siendo hombres de carácter e integridad. Pero no importa cuán bueno pueda ser un hombre, tiene defectos, ¡y nadie los conocerá mejor que tú como su esposa! Entonces, debes tomar la decisión de respetarlo por encima de todo, y enfocarte en las buenas cualidades de tu esposo en lugar de enfocarte en sus fallas.

Respeto significa sumisión

"Esposas, sométanse a sus propios esposos como al Señor.
Porque el esposo es cabeza de su esposa, así como Cristo es cabeza y salvador de la Iglesia, la cual es su cuerpo.
Así como la Iglesia se somete a Cristo, también las esposas deben someterse a sus esposos en todo." (Efesios 5:22-24)

La Biblia nos enseña claramente que Dios da al esposo el rol de líder en la relación de matrimonio. Su papel se compara al de Cristo como cabeza de la Iglesia, una posición que obviamente involucra el liderazgo. Y mientras Dios enseña firmemente que el esposo debe ejercer su posición de cabeza de familia de una manera similar a la de Cristo –con amor, sacrificio y sensibilidad–, en ninguna de estas instrucciones existe una reducción de la posición que Dios le ha dado como líder.

La actitud de respeto de la esposa hacia su esposo, requerida por las Escrituras, debe ser seguida por la acción de la sumisión a su liderazgo. Hacer menos que esto significa rebelarse contra lo que Dios ha dicho, o simplemente dejarlo en palabras. La sumisión es la manifestación práctica del respeto en la vida real.

La palabra para "sumisión" en el idioma original es muy fuerte. Dentro de su significado está "yacer bajo de" y a veces se utilizaba en contextos militares. En el fondo se encuentra el concepto de renunciar a tus derechos y subordinarte o someterte a otro.

Lo que no es la sumisión

Antes de ir más adelante, necesitamos explicar lo que no está involucrado en el concepto de la sumisión. Algunas mujeres evaden este concepto porque creen que implica debilidad y degradación. Otras mujeres creen que mostrar respeto a sus esposos significa comprometer sus principios para complacerlos. Ninguno de estos dos extremos es lo que enseña la Biblia, ni son lo que queremos promover en este libro.

Sumisión **NO** es...	Sumisión es...
▶ Ser deshonesto.	▶ Decir la verdad con amor, con sabiduría y en el momento adecuado.
▶ Violar la Palabra de Dios o las leyes de los hombres.	
▶ Violar tu conciencia.	▶ Animar a tu esposo a hacer lo que está bien y adaptarse en cuestión de opiniones.
▶ Descargar la responsabilidad de tus decisiones en tu esposo, o permitir que él tome todas las decisiones solo.	▶ Estar contenta aun cuando las cosas no salgan como tú quieres.
▶ Falta de inteligencia o convicciones débiles.	▶ Asumir toda la responsabilidad por tus decisiones y trabajar junto con tu esposo para tomar la mejor decisión.
▶ La característica de una mujer con temperamento y personalidad débiles.	▶ La marca de una mujer fuerte y sabia.
	▶ El atributo de una mujer fuerte que entiende su rol en la vida de su esposo.

En la Biblia, la sumisión es una actitud honorable y noble. Jesús renunció a sus derechos y se sometió a Dios (Filipenses 2:6-11). Someterse a Cristo es la gloria de la Iglesia (Efesios 5:24). Los miembros de la Iglesia deben someterse a sus líderes con amor y respeto (1 Tesalonicenses 5:12; Hebreos 13:17), y los ciudadanos deben someterse a sus gobernantes (1 Pedro 2:13-17).

La sumisión es, en esencia, un asunto práctico. Hay muchas relaciones en la vida que simplemente no pueden funcionar sin ella. Considera estos ejemplos: padres e hijos, patronos y empleados, maestros y estudiantes, entrenadores y atletas, por mencionar algunos. Sin la sumisión voluntaria de alguien en cada una de estas situaciones, no puede haber una relación o logros efectivos. ¿Cuántas veces hemos visto caos en el hogar, el salón de clases, el trabajo o la arena deportiva por falta de sumisión?

En un mundo imperfecto habrá liderazgo sin sabiduría y abusos de poder, ¡pero eso no niega la necesidad de líderes para que lideren o seguidores que sigan! Lo que necesitamos son mejores líderes y seguidores, no abandonar el concepto. Ciertamente hay un momento para defender lo que está bien y para no permitir que nosotros mismos (u otros) seamos víctimas de abusos, pero esto no es lo mismo que tener la actitud habitual de rechazar la autoridad que Dios ha dado y enfadarnos continuamente contra su liderazgo.

La esposa que lucha contra la idea del liderazgo de su esposo se halla, en realidad, luchando contra Dios. La esposa que acepta la idea en teoría, pero que siempre está murmurando, discutiendo o resistiéndose sutilmente a su esposo, también está luchando contra Dios. Tales mujeres, o desdeñan a sus esposos por ser débiles o compiten con ellos como rivales. En lo que he observado, las mujeres que no respetan ni se someten a sus esposos terminan destruyendo su propia felicidad; ellas no encuentran paz consigo mismas ni con sus esposos. Estas situaciones desagradan a Dios y terminan dejando a las esposas (¡y los esposos!) frustradas, inseguras y molestas.

¡Cuán diferentes son los matrimonios en los que las esposas entienden y siguen este concepto! Estas mujeres no buscan dominar a su pareja, sino que descubren un rol que resalta sus propios talentos y ¡también los de sus esposos! Ellas basan su confianza no en el estar a cargo, sino en su relación con Dios. Entienden que Dios, en su sabiduría, les ha dado una posición que al final resulta en libertad y en una experiencia maravillosa de un matrimonio con amor.

Como dije antes, no vivimos en un mundo perfecto. ¿Qué tal si te encuentras en una situación en la que tu esposo abusa de ti o en la que no te lidera? ¿Cómo puedes demostrar una actitud de respeto y sumisión? Déjame darte algunos consejos, y rogarte que, si estás en esta situación, busques inmediatamente el consejo más sabio y espiritual que puedas encontrar.

Si estás en una situación de abuso:

▶ No comprometas tu fidelidad a Dios, su Iglesia, la ley o tu conciencia.

▶ Haz tu mejor esfuerzo para lidiar tú sola con tu esposo de forma directa y firme.

▶ Si estás en peligro de daño físico, sal de ahí.

▶ Si te hallas en una posición en la que estás siendo destruida como persona, trabaja para que haya un cambio o sal de la situación. (Ten mucho cuidado con esta decisión y busca consejo. La separación debe ser el último recurso, y, si se hace, es en espera de que sea temporal).

▶ Mantén una actitud de respeto hacia tu esposo aun cuando tengas que confrontarlo con sus errores. (Un gran ejemplo de cómo lidiar con un hombre testarudo que va por el camino equivocado puede encontrarse en la interacción entre Abigaíl y David en 1 Samuel 25. Si bien ella no era su esposa todavía, mostró sabiduría, firmeza y humildad en cada prueba).

Si tu esposo no lidera o lidera débilmente:

▶ Déjale saber que lo necesitas y deseas que él sea firme y decisivo.

▶ Busca su opinión y su punto de vista antes de tomar una decisión. No te apresures si él se tarda en tomar una decisión.

▶ Escucha atentamente lo que dice, puede estar haciendo un esfuerzo mayor de lo que imaginas para liderar.

▶ Cuando tome una decisión, apóyalo aunque no resulte ser la mejor opción.

▶ Aparta un tiempo para estar a solas con él, para que se

sienta cómodo (¡y refrescado!) de tener conversaciones más profundas contigo. (Esto es especialmente necesario si tú eres rápida para tomar decisiones y tu esposo es más reflexivo).

❱ Por sobre todas las cosas, no permitas que tu naturaleza te convierta en una mujer regañona, irrespetuosa o contenciosa.

Esposas, ¿aún están leyendo? ¿O han desechado este libro pues creen que es un retorno a la forma de pensar de la época de las cavernas? ¡Olvídense de eso! Si no leen estas páginas estarán perdiéndose el verdadero ingrediente para cambiar completamente su matrimonio. Una y otra vez lean esta sección y las escrituras que se mencionan, y noten que hay algo de razón en todo esto. Ahora, sigamos adelante y aprendamos más acerca de cómo practicar el respeto.

Respeto en práctica

Cree en él. ¡Cree lo mejor de tu esposo! Cree que puede hacer grandes cosas. Ve en él el talento que otros no pueden ver. Cree que en el futuro logrará más cosas de las que consiguió en el pasado. Tal vez nunca llegue a ser tan grande como tú crees que puede llegar a ser, pero ten por seguro que no irá más allá de tu desdén. Él debe saber y sentir que tú crees en él como nadie más puede hacerlo. ¿Cuántos hombres habrían logrado más cosas en sus vidas si sus esposas hubieran creído en ellos?

Enfócate en sus buenas cualidades. Elegiste a este hombre de entre todos los hombres de la tierra porque viste en él algunas características muy especiales. ¡Nunca olvides cuáles son! Es triste que después de que nos casamos comenzamos a enfocarnos más en las debilidades de nuestros esposos que en sus puntos positivos. Hasta podemos volvernos críticas de sus facultades, pues generalmente son diferentes de las nuestras. ¡Deshazte de esta forma de pensar tan negativa! Por el contrario, enfócate en lo bueno. En tu corazón y con tus palabras, agradécele siempre por los rasgos buenos que tiene. No harás que sea un mejor hombre ata-

cándolo en sus debilidades o pensando en todas sus fallas
regularmente. Halágalo. Pon en palabras tu aprecio por él. Dile diariamente cuánto significa para ti y cuántas cosas buenas ves
en él. Cuando haga algo bien, dale reconocimiento. Agradécele
por hacer cosas cotidianas que tú tiendes a dar por sentado;
cosas como trabajar duro en la oficina, ser confiable, ser un
buen padre, ser considerado, etc. A veces pareciera que los
hombres no necesitan que los animen y los halaguen, pero sí
lo necesitan. Por lo general no reciben muchos halagos en su
trabajo ¡o de otros hombres! Tus palabras pueden ser una ráfaga de aire fresco en el difícil mundo de los hombres.

Busca adaptarte y complacerlo. Adáptate al hombre con
el que te casaste. No trates de moldearlo a tu imagen y
encajarlo en tus patrones. Realiza las pequeñas cosas que
le gustan y que harán su vida más fácil y placentera.
Aprende a cocinar su plato favorito y a vestirte (¡dentro
de lo razonable!) como a él le gusta. Construye un hogar
que sea cómodo para él en términos de atmósfera y decora-
ción. Recuerda, él es la cabeza del hogar así como Jesús
es la cabeza de la Iglesia; y así como la meta de la Iglesia
es complacer a Jesús, el objetivo de una esposa es complacer a su esposo. Haz que esa sea tu meta sin importar cuántos artículos de revista o programas de opinión digan que
es una tontería. La familia debe girar más en torno a tu
esposo que en torno a tus hijos o a ti misma. Tu esposo
tendrá mucho a lo cual adaptarse y mucho que cambiar, pero
haz tu parte y adáptate a él tú primero. (Y en caso de que
te lo estés preguntando, ¡mi esposa me animó muchísimo para
escribir esto!).

Ayuda a los demás a respetarlo. Lleva a la vida diaria tu actitud de respeto por él. Si tienes niños, exprésa-
les con frecuencia cuánto admiras a su padre. Felicítalo
enfrente de tus familiares. Cuando estés con los amigos y compañeros de trabajo de tu esposo, muéstrale respeto en la forma
como lo tratas y le hablas. Mantén la misma actitud y forma

de hablar de él cuando no esté presente. Si la esposa de un hombre lo destroza, ¿quién queda para levantarlo de nuevo?

Compleméntalo

Por lo general, las personas se casan con quienes tienen virtudes que a ellos o ellas les faltan. Como esposa, tus puntos fuertes son el complemento de las debilidades de tu esposo. Esta puede ser tu mayor contribución al éxito en su vida. Harás de él el hombre que no podría haber sido sin ti, y los dos juntos son mejores de lo que serían por separado.

Esfuérzate por balancear las debilidades del carácter de tu esposo. Si él es dinámico y poderoso, pero tiende a ser brusco y demasiado agresivo, tu gentileza puede hacerlo un hombre más amable. Si él es un perfeccionista y un crítico de sí mismo (y de los demás), y raramente termina un proyecto y se le hace difícil trabajar con personas, ayúdalo a ser más positivo, fiel y a aceptar mejor las cosas. Si está desmotivado e indeciso, anímalo a levantarse y seguir adelante. Si es cálido y extrovertido, pero tiende a ser indisciplinado, ayúdalo a ser organizado, a cumplir un horario y prestar más atención a los detalles. Aprende cómo lograr esto de manera positiva y no con quejas. Date cuenta de la importancia de tu rol en esta área. Podría hacer la diferencia entre el éxito y el fracaso en la vida de tu esposo.

Soy una persona de convicciones fuertes, de empuje intenso y de un innato deseo de hacer las cosas de forma excelente. Mis debilidades son la tendencia a perder de vista la perspectiva amplia, el ponerme negativo y el encasillarme en los detalles. Mi esposa, por otra parte, mantiene su visión de lo global y no se preocupa mucho por los detalles de cómo se harán las cosas. Ella mira hacia el objetivo final y es excelente descubriendo en qué dirección debemos ir. He aprendido a pedirle consejo, a consultar su opinión y a escucharla cuando habla. Me ha ayudado inmensamente; y, porque busco su consejo, ella ha desarrollado una mayor confianza. La respeto profundamente por sus talentos, talentos que yo no tengo por naturaleza. La respeto aun más ahora que cuando nos casamos porque sus habilidades siguen surgiendo a medida en que estamos más tiempo juntos.

Esposas, comiencen a utilizar sus talentos para ayudar a sus esposos. ¡No se repriman! No esperen hasta que estén molestas o críticas para ofrecerse a ayudar. Háganlo con la actitud de: "Amo a mi esposo más que cualquier otra persona. No quiero que fracase; quiero que tenga éxito. Si involucrándome, aconsejándolo y ayudándolo puedo contribuir a que alcance el éxito, entonces voy a hacerlo por él".

Ámalo

He observado que el amor de una mujer, su comportamiento y su espíritu marcan la pauta para todo el hogar. Esposa, si amas a tu esposo profunda y afectuosamente, harás que su hogar sea un lugar maravilloso. Si tu comportamiento es alegre, radiante y reanimante, harás que tu esposo sea un hombre feliz y que tus hijos estén contentos y alegres.

Tu esposo debe saber que lo amas más que a nadie sobre la tierra; más de lo que amas a tu padre, tu madre o tus hijos. Él debe saber que estás más que dispuesta a satisfacer sus necesidades, y a estar más cerca de él que cualquier otra persona en su vida, excepto Dios.

Un hombre necesita la ternura del amor de una mujer. Eso suaviza su corazón y lo hace ser más gentil, más amable y más compasivo. Tu amor ayudará a crear un mejor padre, un amigo más devoto y un hombre con una sensibilidad más profunda. Sin el amor de una mujer, el hombre puede amargarse y endurecerse. Los hombres a menudo funcionan a diario en ambientes muy competitivos donde gobierna el interés propio y donde se premia la agresividad. El amor de una mujer puede hacer la diferencia en que un hombre sea la fuerza del bien en un ambiente tan difícil en lugar de verse absorbido por este. Ciertamente, algunas esposas están en un ambiente parecido y ambos deben buscar levantarse mutuamente.

Mientras más vivo con mi esposa, más respeto sus grandes cualidades de amabilidad, amor y sensibilidad. La forma como maneja las presiones de la vida, las debilidades de las personas que la rodean y las fallas y la inmadurez de nuestros niños, me ha retado a ser un hombre mejor. Su ejemplo de perdón ante el maltrato que otros le dan me ha permitido ablandar mi corazón cuando siento que se han cometido injusticias contra mí. La grandeza de su visión y su renuencia de involucrarse en disputas y pleitos triviales me han permitido levantarme por encima de las amarguras y del resentimiento. Su amor por mí a pesar de mis debilidades, aun después de verme en mis peores momentos, me ha enseñado lo que significa ser amado incondicionalmente. El que ella crea lo mejor de mí me ha inspirado a luchar por cosas más altas, y aunque quizás nunca llegue a ser la persona que mi esposa cree que puedo ser, soy un hombre mucho mejor sólo por intentarlo.

Es mi oración que cada esposa que lea estas palabras encuentre en ellas inspiración y ánimos para respetar, complementar y amar a su esposo. Tú eres la persona más importante en su vida, y para la mayoría, él vive o muere, se mantiene firme o se cae, tiene éxito o fracasa, dependiendo de la relación que tenga contigo.

♥ una cosa más...

Hablando desde el punto de vista de las mujeres, voy a añadir algunas observaciones más referentes al papel de las esposas en el matrimonio. Si bien, específicamente me referiré al rol de la mujer, algunas de las ideas también aplican a los esposos.

Hace años, cuando por primera vez busqué sabiduría y guía para mi vida en la Biblia, constantemente leía las escrituras que hablaban del matrimonio, en especial las que se referían a las esposas. En ese momento utilicé *The New Testament in Modern English* de J. B. Phillips. Su traducción de una cierta palabra para describir el rol de la esposa en el matrimonio influenció mi vida inmensamente. Efesios 5:22 dice: *"Ustedes, esposas, deben aprender a adaptarse a sus esposos de la misma forma como se someten al Señor"*. De igual forma, Colosenses 3:18 dice: *"Esposas, adáptense a sus esposos para que su matrimonio pueda estar en unidad cristiana"* (él énfasis es mío).

Lamentablemente, muchas de nosotras todavía sentimos una fuerte aversión hacia la palabra "someter", la palabra que más se utiliza (¡y de forma precisa!) en la mayoría de las traducciones de la Biblia. Para algunas de ustedes la palabra tiene connotaciones negativas. Como esposas, ciertamente necesitamos someternos, pero a veces es difícil entender lo que esa palabra significa exactamente. La palabra adaptar es sólo una definición parcial de la palabra someter, pero es una definición que entiendo con más facilidad y que puedo aplicar en la práctica. Adaptarme a mi esposo significó que necesitaba aceptar y construir mi vida en torno al hombre con el que me había casado, no en torno a cómo yo deseaba que él fuera, ¡sino en torno a quien era en realidad!

¿Cuántos de nuestros matrimonios se desintegran cada día porque no estamos felices con ciertas cosas de nuestros esposos? En lugar de aceptar sus debilidades junto con sus virtudes, nos resentimos o estamos descontentas. Para muchas de nosotras, el caminar hacia el altar marca el comienzo de un compromiso, para toda la vida, de cambiar a nuestra pareja para convertirlo en quien nosotros queremos que sea, en lugar del compromiso de iniciar una vida en donde dos personas imperfectas juntan sus fuerzas para llegar a ser una pareja casi perfecta.

De manera práctica, ¿qué significa para mí aprender a adaptarme al hombre con el que me casé? Significa que lo acepto y lo aprecio por quien él es. ¿Está de mal humor a veces? Ese es el tipo de hombre con quien me casé, y me adaptaré a eso. No sólo lo aceptaré con sus cambios de humor, sino que aprenderé a apreciar todas las fuerzas de sensibilidad y pasión por la vida que acompañan a esa personalidad. Si él gusta de hablar entonces me convertiré en una gran oyente. ¿Está callado? Aprenderé a "escuchar" las cosas que siente aunque se digan muy pocas palabras. ¿Es intenso y serio? Lo admiraré por eso y me convertiré en una persona de fuertes convicciones. ¿Le gusta hacer deportes? Aunque no comparta naturalmente su amor por los deportes, me alegraré de que sea atlético y aprenderé a disfrutar sus intereses deportivos.

Puede que te hayas casado con una persona ambiciosa, o con alguien que es más complaciente (¡incluso holgazán!); una persona con temperamento, o una a la que nada le importa; una persona que es fuerte, o una que es débil; una persona que es fanática del orden y la limpieza, o alguien que es terriblemente desorganizado y desordenado. ¿Son estas cualidades admirables y divertidas para vivir? ¡No! Pero esa es la persona con quien te casaste, y para que tu matrimonio crezca debes adaptarte a ella. Debes aprender a apreciar todo lo que es, respetar y aceptar las cosas que son difíciles. Aceptarlas no quiere decir mantenerse en silencio en relación con lo que está mal, o con las cosas que te hieren, o hasta con lo que te molesta. Di algo, pero dilo como te gustaría que te lo dijeran, y date cuenta de que todavía se pertenecen el uno al otro, con todo y fallas. Los grandes matrimonios se construyen cuando nos concentramos más en lo que admiramos y respetamos el uno del otro que en todas las cosas que estamos dispuestos a cambiar el uno en el otro.

Cuando, como esposas, aprendemos a adaptarnos a nuestros esposos, grandes cosas suceden. En la medida en que nos sometemos y nos adaptamos, ellos confían más en nosotras y se sienten más cercanos a nosotras. Aprendemos a confiar en Dios, y llegamos a entender lo que significa aceptar a alguien por quien es, y extendemos la gracia de Dios hacia él de la misma manera como fue extendida hacia nosotras. Y terminamos estando más unidos y más enamorados, y juntos nos convertimos en mejores personas de lo que jamás habríamos logrado separados.

Geri Laing

segunda parte romance

"Dios miró todo lo que había hecho, y consideró que era muy bueno. Y vino la noche, y llegó la mañana: ése fue el sexto día."

(Génesis 1:31)

Imagina que estás sentado en una habitación oscura llena de gente. La música suena suavemente al principio y luego el volumen sube y el ritmo se acelera. La multitud salta hacia delante, viendo un escenario pobremente iluminado. A medida que las luces comienzan a brillar con más fuerza, la audiencia, gritando estridentemente ante la expectativa, observa transfigurada una mesa y un mantel. En un concierto instigador con los acordes que se intensifican, el mantel es retirado lentamente revelando... ¡una ensalada de lechuga! La multitud enloquece. "¡Ponle queso azul!", grita el tipo gordo que está sentado a tu lado. "Sí, y ¿qué tal un poco de pimienta fresca molida?", grita un ejecutivo al otro lado del salón. "¿Qué está pasando aquí?", te preguntas sorprendido. ¡Pero aún hay más! Al ritmo de la intensa percusión se sigue halando el mantel, que deja al descubierto ¡guisantes y zanahorias! Las personas se paran sobre las sillas silbando y gritando. Desde un grupo de mujeres sentadas cerca del escenario una corre arriba y desliza un billete de un dólar bajo el mantel, riendo complacida mientras sus amigas la animan desde abajo "¡Vamos Susie, Vamos Susie, Vamos Susie!".

Docenas de espectadores abandonan sus asientos y se amontonan en el frente. La música escala en un crescendo ensordecedor. Se sigue retirando el mantel, que ahora muestra el plato fuerte: ¡guisado de atún! La gente grita, brinca y enloquece. Los guardias de seguridad forman un cordón alrededor del escenario. Bajan a la fuerza a un hombre que de alguna manera había roto la barrera y había saltado hacia la mesa. "¡Quítenlo! ¡Quítenlo!", grita la multitud. Con un florete, el mantel desaparece y la mesa queda descubierta: ¡tartaleta de manzana con helado! La multitud delirante y sin aliento sólo puede ser calmada por la intervención de la cortina que baja y la disminución de las luces del escenario. A medida que se encienden las luces de la sala, la gente regresa a sus asientos, recoge sus cosas y sale del salón.

Te quedas ahí sentado, solo, tratando de entender lo que acabas de ver. Llegas a dos conclusiones: Estas personas se están muriendo de hambre, y tienen unas ideas bien extrañas con relación a la comida.

Tal vez nuestra historia del *strip-tease* pueda ayudarnos a ver cuán tontos, confundidos y equivocados estamos en cuanto al sexo. Nuestra situación es desesperada y cada vez se deteriora más. Desde los programas de opinión hasta los salones de clase, la sexualidad es un tema sobre el que se debate y se discute. Todo el mundo tiene una opinión, y la búsqueda de la satisfacción sexual está convirtiéndose en algo cada vez más atrevido y descontrolado. La pornografía, la masturbación, el sexo antes del matrimonio, el concubinato y el adulterio; estas desviaciones son noticias viejas. El sexo en el ciberespacio, la homosexualidad, el lesbianismo, la bisexualidad, el matrimonio entre *gays*, los travestis, el sadomasoquismo y la pedofilia ¡están en la vanguardia en la actualidad! Dime, ¿sobre cuál desviación social no se habla abiertamente hoy en día y hasta es publicitada por alguien?

Parece que todo el mundo está hambriento de sexo, sin embargo, pocos están satisfechos. Se alardea de la sexualidad en público, sin embargo, pocas veces se disfruta en privado. A pesar de nuestra obsesiva y escandalosa preocupación por el sexo, no hemos obtenido la satisfacción ni la excitación que tanto ansiamos. Mientras más desesperadamente tratamos, más crece nuestra desesperación. Tarde o temprano necesitamos despertar y darnos cuenta de que no hay respuestas en los lugares donde las estamos buscando. Tenemos que buscar en otra parte. En medio de nuestro fracaso existe una verdad simple y profunda que nos da esperanzas: Dios tiene un plan. No es sólo un buen plan. Es el mejor plan y nunca falla. Podemos entenderlo y seguirlo. Podemos retirarnos de la escena del *striptease* y ¡entrar en la verdadera acción!

El plan de Dios es bueno

Dios no hizo el sexo como algo sucio, malo o vergonzoso, somos nosotros los que lo hemos convertido en eso. Lo hemos arrastrado de su prístina gloria para mancharlo con egoísmo y perversión. Hemos sido nosotros los que hemos cambiado su gran poder de bien y lo hemos transformado en los innombrables horrores de la destrucción, la degradación y la miseria. Somos nosotros los que hemos hecho que el acto sexual sea una palabra ofensiva.

Piénsalo. El término coloquial para la unión sexual se ha convertido en ¡una expresión insultante!

Somos nosotros los que tenemos el problema con el sexo, no Dios. Dios creó el sexo e hizo un buen trabajo. Después de que lo hizo todo, miró a su alrededor *"...y consideró que era muy bueno"* (Génesis 1:31). Debido a eso, Adán y Eva podían verse desnudos el uno al otro sin pecado, vergüenza o culpa (Génesis 2:25). El sexo no era la "fruta prohibida" del Jardín del Edén; la fruta prohibida era la fruta real de un árbol de verdad (Génesis 3:1-17). El sexo no les estaba prohibido a Adán y Eva; ¡era lo que se esperaba de ellos! Adán tenía que unirse a su esposa y convertirse en un mismo cuerpo (Génesis 2:24). Además, Dios ya le había dicho a Adán y a Eva que tuvieran hijos, *"sean fructíferos y multiplíquense"* (Génesis 1:28). Dada la tecnología del momento, ellos sólo tenían un método para llevar a cabo esta misión, ¡y confío que nuestros lectores sepan cuál era!

Hay una tendencia de pensamiento religioso que sostiene la creencia de que para ser espiritualmente puros y sinceramente devotos de Dios, tenemos que evitar completamente el sexo. Detrás de esta idea yace el pensamiento errado de que el sexo es maligno por naturaleza, y de que los verdaderos servidores de Dios no pueden estar manchados por él. El resultado es la exaltación de la virginidad (por ejemplo, en la doctrina de la Virginidad Perpetua de María) y el requisito de que los líderes espirituales deben renunciar al matrimonio y hacer votos de celibato. Cuán diferente es la clara enseñanza de la Biblia, que honra el matrimonio y exige que los obispos (también llamados supervisores o ancianos) sean hombres casados. (*Vean* 1 Timoteo 3:1-7, 4:1-5; Tito 1:5-9; Hebreos 13:4).

Lamentablemente, algunas iglesias y religiones hablan del sexo y la sexualidad sólo en términos de su abuso. Presentan el sexo principalmente como una tentación peligrosa, como una amenaza para nuestra alma. Este énfasis puede resultar en una imagen enferma del sexo que daña nuestro matrimonio y nos hace más susceptibles a la tentación. Si bien Dios define y condena el pecado sexual, él no ve el sexo de forma negativa. Las Escrituras nos enseñan a *"odiar lo que es malo"* (Romanos 12:9), pero sólo para *"vencer el mal con el bien"* (Romanos 12:21). Este es el equilibrio que necesitamos. Debemos ver el terrible peligro de la promiscuidad, y con igual fervor sentir el sexo como el gozoso privilegio de la vida de casados. El enemigo es el pecado, ¡no el sexo!

Tenemos que meternos en la cabeza de una vez por todas que el sexo es bueno. Es un don de Dios creado para nuestra felicidad. Permite que los esposos y las esposas expresen su amor, se acerquen, se den y reciban placer, y conciban niños. Es hermoso, maravilloso, satisfactorio, necesario, natural y noble. Y ¡todo eso es bueno!

Cómo funciona el plan

El plan de Dios es que la intimidad sexual se experimente en el matrimonio. En la Biblia se define el matrimonio como la relación entre un hombre y una mujer comprometidos a amarse el uno al otro para toda la vida (Mateo 19:4-6). Dentro de ese concepto, el sexo puede y debe disfrutarse regularmente. Fuera de esa relación, está estrictamente prohibido y siempre está mal. No es correcto practicar el sexo antes ni fuera del matrimonio. Es incorrecto sentir lujuria. No es correcto tener relaciones sexuales con otra persona que no sea nuestra pareja de matrimonio. Bajo cualquier circunstancia es pecado la actividad sexual con personas del mismo sexo (homosexualidad). Nadie ha sido creado ni ha nacido para ser homosexual. Es un comportamiento aprendido y pecaminoso. Dios ha hablado claramente sobre estos temas, y no es un punto para debatir con Él. No tiene nada que ver con la cultura, la política o la genética; tiene que ver con la voluntad eterna de Dios que Él ha revelado (Vean Éxodo 20:14; Marcos 7:20-23; Romanos 1:24-27; 1 Corintios 6:9-20; Hebreos 13:4). Los antecedentes de una persona pueden contribuir a que sea más propensa a ser tentada por un pecado en particular, por ejemplo, la promiscuidad, la pornografía, la prostitución o la homosexualidad. Pero el pecado sigue siendo pecado y quienes deciden complacer a Dios pueden vencerlo. Nadie se halla genéticamente predispuesto a vivir un estilo de vida que está en contra del plan de Dios.

El plan de Dios: cada vez mejor

El mejor sexo es el que se disfruta estando casados. El sexo más excitante, satisfactorio y emocionante es el que se tiene en el lecho matrimonial, no en la cama del sexo ilícito. ¿Por qué? Porque Dios ha diseñado el sexo para que forme parte de un compromiso permanente, no de un arreglo temporal; y la única relación segura es la del matrimonio. Constituye una mentira que el mayor y más intenso placer sexual es el que se experimenta en situaciones temporales o prohibidas: el adulterio, la prostitución, el encuentro de una sola noche, o la relación prematrimonial. Este es un mito promocionado por el cine, la televisión y las novelas románticas baratas; es mejor que no lo creamos. Si Dios es bueno (y lo es), y Dios quiere que tengamos un gran matrimonio (y lo quiere), entonces su plan para el sexo es mejor que el plan del mundo. A medida que pasan los años, el sexo en el matrimonio es cada vez mejor. Se convierte en algo cada vez más íntimo, placentero y satisfactorio. ¿Por qué? Una vez más la respuesta está en la permanencia de la relación. El amor y la pasión florecen en el jardín de la dedicación. En la medida en que nos conocemos más y mejor, nos sentimos más cómodos en nuestra relación sexual. La modestia y la inseguridad dan paso a la confianza y la familiaridad. Tanto el esposo como la esposa se sienten libres de dejarse llevar, de ser ellos mismos y de disfrutarse el uno al otro. No hay presión para probarnos a nosotros mismos o para actuar, tenemos una relación que va más allá de esos juegos mundanos. Así que si hay una noche que no va tan bien o que no es tan memorable, ¡volveremos! Sólo nos amaremos más y juntos superaremos los retos.

Siempre he dicho que la luna de miel se pierde con los novatos. Es sólo que quienes han estado casados por más años han tenido más tiempo para perfeccionar el arte de darle placer a sus esposas(os). En el transcurso de los años de aconsejar parejas he aprendido que las parejas que crecen en su amor, están más cerca, maduran espiritualmente y se comunican libremente, tienen una vida amorosa que es más excitante y satisfactoria con el pasar de los años. Ellos no sólo tienen el fuego todavía; ¡ahora arde con más calor y brillo!

La rosa

Podemos entender cómo funciona el matrimonio si lo comparamos a un rosal. El compromiso con Dios y del uno con el otro son las raíces que dan vida a la planta. El llenar satisfactoriamente nuestro rol como esposo o esposa es el tallo. La comunicación son las hojas que producen energía. Las espinas tienen el propósito de advertirle al intruso(a) adúltero(a) que se aleje y ¡se quede lejos para siempre! ¿Y el amor romántico? ¡Es la flor! El amor sexual es la fragancia, la belleza y la gloria que corona la planta. No es la vida, como muchos creen por error, sino ¡el gozo!

Cuando cada parte de la planta funciona adecuadamente, la flor florece; pero si hay una debilidad en alguna parte, la flor es la primera que sufre. Su marchitamiento es el síntoma de enfermedades más profundas.

Si tu vida amorosa no está evidenciando el plan que Dios tiene diseñado, entonces en tu matrimonio hay algo que no se encuentra bien y que puede y tiene que arreglarse. En el siguiente capítulo identificaremos estos problemas para que nuestros matrimonios puedan librarse de ellos y florezcan con la belleza, la fragancia y la gloria del amor romántico.

♥ capítulo seis los problemas

"Atrapen a las zorras,
a esas zorras pequeñas
que arruinan nuestros viñedos,
nuestros viñedos en flor."
(Cantar de los cantares 2:15)

Los síntomas observados

El aspecto sexual de muchos matrimonios está lejos de ser lo que Dios quiere que sea. Sus promesas son grandes, pero son pocos los que las reclaman. Permitimos que una variedad de "pequeñas zorras", y algunas no tan pequeñas, entren en nuestro viñedo y dañen todas las cosas buenas que Dios ha diseñado para que disfrutemos. Algunos experimentan función sin satisfacción, llevando a cabo el acto sexual mecánicamente sin que los corazones se unan. Otros experimentan una relación de carbón apagado en vez de encendido: sin excitación, sin anticipación, sin creatividad y sin emoción. Muchos luchan con el problema de pleitos que apagan el amor: discutir, argumentar, arrojar palabras y sentimientos duros que destruyen la tierna intimidad del amor romántico. Y muchos otros enfrentan el problema de la disminución de la frecuencia: están distraídos, desinteresados, aburridos o simplemente fuera del hábito de experimentar estos momentos tan especiales.

El no reconocer estos problemas es extremadamente peligroso. Si aceptas alguno de ellos como lo normal, estás invitando al desastre. Te hallas parado en la puerta de una trampa que en cualquier momento puede abrirse haciendo que tú y tu esposa(o) caigan en la amargura, la lujuria, el adulterio y el divorcio. Para lidiar adecuadamente con estos problemas debemos ir más allá de los síntomas y descubrir y erradicar las causas que yacen ocultas. En este capítulo veremos algunas de estas causas; problemas que erosionan nuestra intimidad y generan un distanciamiento en nuestra relación.

Los problemas descritos

El patrón de negligencia

En muchos matrimonios el problema es simple y sin complicaciones: somos negligentes con el romanticismo en nuestra relación. Con las preocupaciones de la vida y unos pocos retos por aquí y por allá, cada vez estamos menos involucrados sexualmente con nuestras esposas(os). En muchos de los casos, el cónyuge con menos deseo marca la pauta. Pero escuchen lo que las Escrituras enseñan con toda claridad:

"El hombre debe cumplir su deber conyugal con su esposa, e igualmente la mujer con su esposo. La mujer ya no tiene derecho sobre su propio cuerpo, sino su esposo. Tampoco el hombre tiene derecho sobre su propio cuerpo, sino su esposa. No se nieguen el uno al otro, a no ser de común acuerdo, y sólo por un tiempo, para dedicarse a la oración. No tarden en volver a unirse nuevamente; de lo contrario, pueden caer en tentación de Satanás, por falta de dominio propio". (1 Corintios 7:3-5)

Esta escritura nos enseña varios principios vitales sobre el sexo en el matrimonio. Primero, satisfacer a nuestra pareja es una responsabilidad que Dios nos ha dado, tanto al esposo como a la esposa. Cuando la escritura habla de cumplir "el deber conyugal" (v.3), ¡se asume que no se refiere a pagar las cuentas, sacar la basura o lavar los platos! La feliz tarea que se da en conjunto es la de hacer el amor con nuestras(os) esposas(os) y satisfacer sus necesidades sexuales.

Segundo, aprendemos que nuestros cuerpos ya no son sólo nuestros, sino que son una posesión conjunta con nuestra pareja. No debemos alejarnos de nuestra pareja excepto por mutuo acuerdo y sólo "por un tiempo" (v.5). Es este último principio el que trata el tema de la frecuencia con que se tienen relaciones en el matrimonio.

¿Cuánto sexo es suficiente? La respuesta es simple: Tienes suficiente sexo cuando ambas personas están completamente satisfechas. Si alguno de los miembros de la pareja no está contento, entonces aumenten la frecuencia hasta satisfacer tanto las necesidades de la esposa como las del esposo.

Justo en este momento, algunas de ustedes, mujeres, están diciendo: "Mejor escondo este libro antes de que mi esposo lo vea. Si llega a este capítulo, estoy perdida. No tendré tiempo para mi vida social, mi trabajo, para comer o dormir. La vida como la conozco dejará de existir" (¡y hay unos cuantos hombres diciendo lo mismo de sus esposas!). A tu ansioso corazón le digo: "No tengas miedo". ¡Esto no va a ser tan agotador como te imaginas!

En lugar de preocuparte y resistirte de manera egoísta, sé cálido(a), está dispuesto(a) y reacciona. Cuando tu pareja se acostumbre a la maravillosa idea de que estás dispuesto(a) a complacer más que a ser complacido(a), el tema de la frecuencia quedará resuelto. Recuerda que tú ya no eres parte de dos sino uno solo. Tu cuerpo pertenece a tu pareja y no a ti solo(a). Aprende a no pensar de manera egoísta y a ver tu matrimonio como una sociedad. La parte de la pareja con el mayor deseo aceptará que hay ocasiones cuando el amor requiere negarse a uno mismo. De igual modo, la pareja que se satisface con más facilidad entenderá que el darse el uno al otro con alegría, incluso cuando no sienta ninguna necesidad personal, es la forma de mantener el gozo y la paz en el matrimonio. ¡Es mejor que uno de ustedes tenga más que suficiente en el sexo que menos de lo necesario!

La mayoría de las parejas encontrará que desde un encuentro por día a uno por semana será suficiente. Pero debo añadir que esto varía según una miríada de factores, así que debemos evitar fijarnos una meta numérica. La mayoría de las parejas encuentran que, con el pasar del tiempo, su vida amorosa sufre cambios y ajustes, y que sus deseos y necesidades cambian igualmente.

Heridas del pasado

"Olviden las cosas de antaño; ya no vivan en el pasado. ¡Voy a hacer algo nuevo! Ya está sucediendo, ¿no se dan cuenta? Estoy abriendo un camino en el desierto, y ríos en lugares desolados." (Isaías 43:18-19)

Como el sexo está ligado con fuerza a las emociones, y se halla profundamente conectado a nuestro ser interior, las experiencias sexuales del pasado pueden tener un efecto profundo y duradero. Los eventos distantes de los que no podemos estar conscientes pueden moldear de forma poderosa cómo nos comportamos sexualmente en nuestro matrimonio en el presente. ¿Cuáles son estas experiencias y cómo nos afectan?

Abuso sexual. Incidentes de abuso sexual durante tu infancia o en años posteriores en tu vida pueden herir tu presente. Si te tocaron, acosaron, atacaron o violaron, fuiste afectado(a) y puede que todavía te encuentres siendo afectado(a). Acciones como estas, aunque estén profundamente enterradas en tu memoria, pueden perjudicar con severidad tu habilidad de dar y recibir amor sexual en tu matrimonio.

No permitas que tu vida sea arruinada por el abuso sexual. Busca la ayuda de consejeros cristianos calificados. Saca a la luz los hechos y tus sentimientos. Entiende lo que pasó y cómo te ha afectado y te está afectando. Si es posible, reconcíliate directamente con la otra persona. Perdónala, aunque no responda como debería. Acepta cualquier responsabilidad que te corresponda. Acepta el hecho de que sucedió; no pases el resto de tu vida deseando que no hubiera sido así. Deshazte de cualquier actitud residual de amargura o rencor. No culpes a Dios de tu dolor. Por el contrario, permítele curarte emocionalmente. Recuerda que Dios puede sacar algo bueno de experiencias peores, y confía en que Él está trabajando en un plan perfecto para tu vida.

Aborto. La Biblia enseña que Dios es soberano sobre la vida humana (Éxodo 20:13) y que nuestros cuerpos no nos pertenecen, sino que son de Él (1 Corintios 6:19-20). Si bien hay ciertas situaciones que presentan algunas preguntas éticas difíciles, la inmensa mayoría de los abortos se realizan por puras razones personales, y son pecado y ofenden a Dios. Cualquier pecado que cometemos afecta toda nuestra vida; la influencia del aborto es especialmente poderosa. Incluso en aquellos casos en los que la mujer está convencida intelectualmente de que es moralmente aceptable, el aborto puede disminuir su habilidad para amar, para sentirse bien consigo misma y para disfrutar del sexo. El aborto puede destruir la inocencia de una mujer, dañar su capacidad para estar cerca y endurecer su corazón. Su legado es la culpa y el dolor.

Si te hiciste un aborto, debes llegar a una reconciliación con lo que has hecho. Debes pedirle a Dios que te perdone y que te dé la conciencia limpia que sólo puede obtenerse con su gracia. Probablemente necesitarás de la ayuda de consejeros cristianos maduros para guiarte durante el proceso.

Actividad sexual prematrimonial. Si fuiste promiscuo(a) antes de casarte, esto puede afectar tu habilidad para disfrutar del sexo ahora que estás casado(a). Puede que hayas desarrollado una actitud egoísta y lujuriosa que manche la alegría inocente y amorosa del sexo en el matrimonio. Recuerdos molestos de encuentros con antiguos amantes pueden invadir tu mente incluso mientras haces el amor con tu esposa o esposo. ¿Cómo puedes relajarte y pasar un momento increíble cuando tienes tantos recuerdos tan vívidos de pecados pasados? El plan de Dios para nosotros es que enfrentemos nuestro pasado con honestidad, nos arrepintamos abiertamente, aceptemos el perdón con humildad y nos enfoquemos agradecidos(as) en las alegrías del amor en el matrimonio.

Si tú y tu esposa(o) fueron pareja en el sexo antes de casarse, pueden producirse consecuencias negativas. Es posible que haya una falta de respeto por tu pareja y por ti mismo(a). Podrían existir sentimientos de suciedad, vergüenza o una gran rabia resultado de sentir que robaron tu inocencia. Una vez más, el ser abiertos y perdonarse el uno al otro es imperativo, y puede que necesites ayuda para salir de esta situación.

Enfermedades de transmisión sexual. En nuestra época las enfermedades de transmisión sexual (ETS) tienen proporciones epidémicas. Quienes se convirtieron en discípulos de Jesús a tiempo para comprometerse con el plan de Dios para el sexo serán bendecidos y se salvarán de este problema. Sin embargo, muchos de los que comprometieron sus vidas a Cristo estaban activos sexualmente y, como resultado, se infectaron con alguna enfermedad. Como es bien sabido, algunas de estas aflicciones, como el SIDA, pueden ser fatales. Otras enfermedades, como el herpes genital, no son fatales, pero son incurables, y presentarán un reto continuo. (Ciertamente, los que están pensando en casarse deben pedir mucho consejo y ser muy abiertos(as) con su futura(o) esposa(o) sobre esta situación). No es extraño encontrar situaciones en las que ambas personas eran sexualmente activas, contrajeron una ETS, se casaron y luego se hicieron cristianos. En tales circunstancias hemos encontrado que a veces les da mucha vergüenza hablar de cómo las reapariciones de la enfermedad interfieren con sus relaciones sexuales y son dolorosos recordatorios de sus pecados pasados.

Generalmente, problemas tan complicados como éstos no podemos resolverlos solos; necesitamos ayuda externa y no debemos dejar que la vergüenza nos impida buscarla. Tenemos que hacer lo que sea mejor para nuestro matrimonio.

Con cualquiera de estos temas, asegúrate de que la ayuda viene de líderes cristianos sin tacha. Saca todo a la luz, asume la responsabilidad por tu pecado, reconcíliate con tu relación y experimenta la tranquilidad que producen el arrepentimiento y el perdón.

Hay mucho más que decir sobre cómo lidiar con el pasado de lo que podemos decir aquí, debido al objetivo de este libro, pero tal vez hemos dado el primer paso. Con el amor de Dios para sanar, trabajando en tu matrimonio, posees la esperanza de que experimentarás la libertad y te librarás del dolor de tu pasado.

Embarazo

Es un hecho que hacer el amor llevará a un embarazo, ¡y el embarazo puede conducir a una vida sexual menos activa! En parejas que han perdido su frecuencia y gozo en la relación sexual, una tendencia muy común es que los problemas empezaron cuando la esposa quedó embarazada. He escuchado decir: "Todo era fantástico cuando estábamos recién casados. Pero después del embarazo comenzamos a pasar menos tiempo juntos y realmente, después de que nació el bebé, nunca recuperamos nuestra vida sexual".

Es triste, incorrecto y peligroso. Muchos hombres caen en la lujuria, la masturbación, la pornografía y el adulterio durante los meses de embarazo de sus esposas. En este momento, cuando nuestras esposas más nos necesitan, podemos volvernos egoístas y ser infieles. Puede que las esposas eviten la intimidad sexual durante las pruebas físicas y emocionales del embarazo. Tal vez se alejen física y emocionalmente de sus esposos mientras llevan al bebé en su vientre. Déjenme decirles esto con toda la convicción que tengo: El embarazo y el nacimiento traen retos al lecho matrimonial, pero debemos superar estos retos a toda costa.

Comprométanse el uno con el otro a disfrutar de una vida sexual cálida y excitante inmediatamente después del nacimiento del bebé. Sólo bajo las instrucciones del médico debería haber una reducción o eliminación de su actividad sexual durante el embarazo. Aun cuando no pueda realizarse el coito, existen una variedad de formas de darse el uno al otro sexualmente y de mantener la intimidad física y emocional. Después del nacimiento, reanuden sus relaciones tan pronto como la esposa esté físicamente capacitada. (Esto puede ser algo de semanas, no de meses). Los niños deben ser concebidos, formados en el vientre, traídos al mundo y criados en una atmósfera de amor entre papá y mamá. Les hacemos un gran daño a nuestros hijos y a nuestro matrimonio cuando sacamos de nuestra relación el disfrute del sexo en esta época crítica.

Los niños

Los rigores de criar niños pueden ser una carga muy pesada en tu vida amorosa. Las madres pueden fatigarse, o estar malhumoradas e irritables. Los padres pueden agotarse y frustrarse. Previendo que estas presiones existan, no puede justificarse la disminución de su vida sexual.

Mi esposa me dice, y otras mujeres lo confirman, que para una madre primeriza, el cargar y abrazar a su bebé le da un tipo de satisfacción que puede disminuir el apetito de la mujer por el sexo. ¡Nunca he conocido a ningún hombre que comprenda este fenómeno! Los deseos sexuales de tu esposo no se ven reducidos por los cuidados del recién nacido. Su necesidad de ti es la misma. Madres primerizas, simplemente no pueden permitir que su disminuida necesidad las mantenga alejadas de sus esposos. ¡No sean egoístas! Entréguense a ellos físicamente aunque sus deseos sean más débiles que antes. Volverá el momento cuando sus apetitos sexuales resurgirán. Pero si han sido negligentes con sus esposos, se encontrarán con un matrimonio descarrilado; y los niños que pensaste estabas amando con tanta entrega pagarán el precio de tu tontería.

Una pareja necesita privacidad. Su habitación debe ser lugar de santuario y seguridad. No dejes que se convierta en guardería. Los recién nacidos pueden estar en la habitación de los padres por un corto período sin dañar el matrimonio; pero deben tener su propia habitación tan pronto como sea posible. Lo mejor es darles a los bebés su propia habitación, con sus camitas, ¡y enseñarles a dormir allí! Permitir que los niños más grandes duerman con los padres es igualmente perjudicial para una vida sexual feliz. Si los niños se asustan o tienen una pesadilla, vayan a su habitación, consuélenlos, y déjenlos que se vuelvan a dormir. Si están enfermos y necesitan que pases la noche con ellos, entonces duerme en su habitación. Permitir que los niños duerman en tu cama es ser indulgente y es sobreprotegerlos. Vas a malcriar a tus hijos, arruinar tu vida romántica, y toda tu familia sufrirá por eso al final.

Cierren con llave la puerta de su habitación cuando necesiten privacidad. No pueden relajarse y disfrutar de una noche romántica en la cama si temen que los interrumpan. ¿Cuántas veces, a medida que crecía la pasión, alguno de ustedes preguntó: "¿Estás seguro(a) de que cerraste la puerta?". Nada puede acercarnos más a un ataque cardíaco que la entrada inoportuna de un niño en la habitación. ¡Y algunos de nosotros tenemos las marcas de las uñas en el techo para demostrarlo! ¿Es esto ser egoísta? ¿Quiere esto decir que estás comportándote como una mamá negligente o un papá sin corazón? ¡Absolutamente no! Lo que le estás diciendo a tus hijos (y a ustedes) es que su matrimonio es sagrado y vale la pena protegerlo. Los niños estarán mejor y más seguros debido a esta actitud. Aprenderán a respetar su privacidad y no serán egoístas ni exigentes. Tú y tu esposa(o) disfrutarán de una vida amorosa continua, y de un santuario de paz y quietud en un hogar siempre activo.

Pérdida de la pureza

"Que todos respeten el matrimonio y mantengan la pureza de sus relaciones matrimoniales; porque Dios juzgará a los que cometen inmoralidades sexuales y a los que cometen adulterio." (Hebreos 13:4)

El adulterio es el más devastador de los pecados maritales. Es la única razón por la que Dios permite el divorcio (Mateo 19:9). Si cometes adulterio, la culpa, la vergüenza y el dolor de corazón que tendrás como consecuencias son de las emociones más destructivas que puedas experimentar. Si tu esposa(o) llega a ser infiel, sufrirás una especie de muerte en vida, porque la persona que amas está perdida no por el destino, sino por su propia decisión. La culpabilidad causada por el adulterio destroza el corazón como ninguna otra.

No podremos experimentar satisfacción sexual con nuestras parejas si alguno de los dos es infiel. Incluso si hemos enterrado nuestro pecado, no podrá permanecer oculto para siempre. Inevitablemente su efecto corrosivo se muestra en nuestra intimidad. Cuando el adulterio se expone, tienen que tomarse decisivos pasos para arrepentirse y para restaurar el matrimonio y la relación sexual.

Involucrarse sexualmente con una persona diferente a nuestra pareja, independientemente del nivel alcanzado, es pecado. El coito, tocarse sexualmente, abrazarse o besarse, todo esto está prohibido. No está bien coquetear (involucrarse en una conversación sugestiva o hacer insinuaciones sexuales). No podemos decir que somos inocentes si nos permitimos el tratar con mucha familiaridad a alguien más, aunque sea a modo de juego. Esta solemne advertencia contra el adulterio, aunque aquí está dirigida a los hombres, es válida para ambos sexos:

"De los labios de la adúltera fluye miel;
su lengua es más suave que el aceite.
Pero al fin resulta más amarga que la hiel
y más cortante que una espada de dos filos (...)
Pues bien, hijo mío, préstame atención
y no te apartes de mis palabras.
Aléjate de la adúltera;
no te acerques a la puerta de su casa..."
(Proverbios 5:3-4, 7-8)

Primero cometemos adulterio en nuestro corazón. Antes de involucrarnos físicamente, lo hacemos mental, emocional y visualmente:

"Ustedes han oído que se dijo: 'No cometas adulterio'. Pero yo les digo que cualquiera que mira a una mujer y la codicia ya ha cometido adulterio con ella en el corazón." (Mateo 5:27-28)

Para los hombres, el sendero hacia el adulterio comienza con más facilidad con lo que vemos. El hombre que se permite observar de forma sexual a otras mujeres, ya está en pecado. Por lo tanto, debemos aprender a disciplinar nuestros ojos:

"Pon la mirada en lo que tienes delante; fija la vista en lo que está frente a ti" (Proverbios 4:25). Tanto si es en la calle, en la oficina o en el salón de clase; tanto si es viendo películas o televisión o revistas; tanto si es fantaseando con encuentros sexuales ilícitos reales o inventados, la lujuria es completamente prohibida y debe resistirse y vencerse a toda costa.

"Por lo tanto, si tu ojo derecho te hace pecar, sácatelo y tíralo. Más te vale perder una sola parte de tu cuerpo, y no que todo él sea arrojado al infierno. Y si tu mano derecha te hace pecar, córtatela y arrójala. Más te vale perder una sola parte de tu cuerpo, y no que todo él se vaya al infierno." (Mateo 5:29-30)

Algunos hombres, a la menor señal de tentación, se sienten rápidamente abrumados por la culpa y por la conciencia acusadora. Si reaccionamos exageradamente de esta forma, no ayudamos a nuestra causa en la batalla contra la lujuria. No hay pecado en advertir que una mujer es bonita; es de esperarse que los hombres noten la belleza femenina. La admiración de este tipo no necesariamente debe verse como una tentación, aunque puede llevar a ello. La tentación tiene lugar cuando somos atraídos a ver por el motivo equivocado. El pecado ocurre cuando vemos por lujuria, cuando nuestra mirada está emparejada al deseo sexual. Debemos aprender a distinguir entre estas diferentes formas de pensar (admiración, tentación y lujuria), para que podamos evitar el peligro de la lujuria y la trampa de una conciencia muy sensible.

Las tentaciones de una mujer por lo general siguen un camino diferente. Comúnmente comienzan con la emoción de la amistad y no con la apariencia física. Lo físico viene de lo emocional. El hombre es amable, amigable y considerado contigo. Podría ser un amigo, un vecino, un compañero de trabajo o alguien que admiras. Él es atento, sensible y considerado. Te hace reír. Luego comienzas a sentirte atraída hacia él físicamente.

Aunque no es malo que las mujeres tengan amistades masculinas, deben mantener la distancia adecuada. Tu corazón puede engañarte. Debes aprender a cuidarte como hermana y a ser honesta contigo misma si hay algo más en tus sentimientos que una inocente amistad. Las mujeres que no se sienten cercanas a sus esposos son las más vulnerables en esta área y necesitan estar conscientes de los retos que pueden traer tales sentimientos. Al igual que los hombres, las mujeres deben resistir decididamente la tentación sexual. Debes tomar pasos inmediatos para que te salgas de una relación con un hombre que te esté alejando de tu esposo. Uno de los primeros pasos, tanto para hombres como para mujeres, es confesar nuestras tentaciones y pecados a un cristiano maduro del mismo sexo para que podamos recibir la guía que necesitamos y podamos ver y responsabilizarnos de nuestras actitudes y comportamiento. ¡No trates de hacerlo solo(a)! Debemos estar dispuestos a cualquier cosa, sin importar cuán radical sea, para bloquear la lujuria y evitar que entre en nuestras vidas.

Antes de salir de esta sección, permítanme hablar del tema de la autosatisfacción sexual (la masturbación). Si bien la Biblia no se refiere a ella directamente, existen fuertes razones para afirmar que la masturbación es una perversión del plan y del camino de Dios. Dios habla y lidia con la experiencia sexual de forma positiva y sólo en el contexto del matrimonio. Dios diseñó y ordenó el sexo para que lo disfrutemos con nuestras(os) esposas(os), y el matrimonio es el único sitio donde está permitido. La masturbación es un intento de satisfacernos a nosotros(as) mismos(as). Enajena a la persona de su pareja y es el refugio de quienes carecen de autocontrol y de quienes no están dispuestos o no pueden tener una relación de matrimonio satisfactoria. Incluso si alguien alega que se imagina que está teniendo relaciones con su esposa(o) mientras se masturba, el resultado final es privar a la pareja de atención y de amor. En las palabras del psiquiatra John White: "[la masturbación]

... toma lo que quería ser un fuerte deseo de promover una relación personal cercana, pero la aborta. Lo que se suponía iba a ser compartido se hace en soledad"[1]. La masturbación es una práctica esclavizante y egoísta que da paso a fantasías lujuriosas y a otras perversiones sexuales. La masturbación frustra el plan de Dios. No lo cumple. Debemos alejarnos de ella.

Nos anima el saber que no estamos solos para luchar esta batalla por la pureza sexual. Jesús "... *ha sido tentado en todo de la misma manera que nosotros, aunque sin pecado*" (Hebreos 4:15). Él entiende la tentación y pueda ayudarnos a vencerla. Cuando somos tentados y tropezamos, tenemos la libertad de acercarnos "...*confiados al trono de la gracia para recibir misericordia y hallar la gracia que nos ayude en el momento que más la necesitamos*" (Hebreos 4:16).

La abstinencia como castigo

Uno de los peores errores que puede cometerse en el matrimonio es el negarte a tener relaciones sexuales ¡para castigar a tu pareja por hacerte daño! Resuelve tus problemas y sentimientos heridos rápidamente. " '*Si se enojan, no pequen*'. *No dejen que el sol se ponga estando aún enojados, ni den cabida al diablo*" (Efesios 4:26-27). No juegues con el sexo. No está bien utilizar excusas como "Me duele la cabeza" o "Esta noche no" como parte de una estrategia para manipular a tu pareja: es deshonesto y destructivo.

Arengar o fastidiar a tu esposa para que tengan sexo viene de un espíritu con malas intenciones, de una actitud carente de amor y es otra forma de castigo. Los hombres que fuerzan físicamente a sus esposas a tener el coito, o quienes las hieren intencionalmente durante el acto sexual, están pecando seriamente y deben buscar ayuda de inmediato. Si el esposo no da el primer paso, la esposa debe realizar una acción rápida para asegurarse la ayuda antes que la situación se vuelva más peligrosa.

Personas y teléfonos

Debemos amar a las personas, disfrutar de la confraternidad y practicar la hospitalidad. Pero así como son de maravillosos los amigos, también pueden ser un impedimento en nuestra vida amorosa. Hay un tiempo para estar despiertos hasta tarde con los amigos y tener largas conversaciones que unen nuestra amistad; pero no siempre podemos tener a otras personas a nuestro alrededor. Hay un tiempo para ir a casa y sugerirles a los demás que hagan lo mismo. Hay un tiempo para que nuestros invitados se retiren a la habitación de huéspedes. ¡Y no esperes hasta que sea tan tarde como para que sólo puedas pensar en lo exhaustos que estarán cuando suene el despertador en la mañana!

Los teléfonos son un gran invento, pero pueden sonar en el momento equivocado. Estoy seguro de que todos tenemos esos amigos especiales que poseen la increíble habilidad de llamar, digamos, en momentos inoportunos. No sé cómo lo hacen; me pregunto si es pura coincidencia o algún tipo de complot demoníaco. Pero lo que sí sé es que: a menos que tomemos las medidas correspondientes, el timbre del teléfono puede arruinar una noche maravillosa.

Antes de tener una noche de amor, quítenle el timbre al teléfono para que no los moleste el interminable campanilleo. "Esa podría ser mi mamá", susurra la esposa. "El jefe dijo que a lo mejor llamaba", murmulla el esposo. Uno de los dos sale de la cama, tropieza hasta llegar al teléfono y lo contesta esperando que quien llama no pregunte "Hola, ¿qué están haciendo esta noche?".

También asegúrate de que bajas el volumen de la contestadora. Si no, escucharás voces implorantes en la máquina diciendo: "Por favor, contesta el teléfono. Yo sé que estás en casa esta noche, y de verdad que necesito hablar contigo". La mayoría de las llamadas pueden esperar un poco. Te lo digo en serio: no permitas que tu vida sexual se vea arruinada por personas bien intencionadas que no tienen idea de qué es lo que están interrumpiendo con su llamada.

Diferencias físicas

"Hombre y mujer los creó", dice la escritura (Génesis 1:27), y la diferencia entre hombres y mujeres es clara en cuanto a lo que los motiva y satisface sexualmente. El no entender, apreciar y moverse en armonía con estas características dadas por Dios son unos de los errores más prominentes que cometen las parejas casadas. Si, por otra parte, aprendemos a trabajar con nuestras diferencias como parte del misterio que Dios ha formado dentro de nosotros, las mismas diferencias que alguna vez causaron conflicto se convierten en parte de las maravillas que hacen que el amor romántico sea un gozo.

Tanto los hombres como las mujeres se mueven a través de la experiencia sexual en el siguiente patrón:

Fase 1	Fase 2	Fase 3	Fase 4
Deseo	Excitación	Descarga	Resolución

¿Cómo se diferencian los hombres y las mujeres a medida que pasan por estas fases?

Primero, los hombres pueden moverse de la Fase 1 (deseo) a la Fase 2 (excitación) muy rápidamente, y necesitan mucho menos estimulación emocional de la que requieren las mujeres para ir de la Fase 1 a la Fase 2. De hecho, el hombre no necesita de ningún refuerzo emocional para excitarse. La simple vista del cuerpo de su esposa puede moverlo rápidamente a la Fase 2. Las mujeres, por otra parte, necesitan una conexión emocional con su esposo más fuerte en la Fase 1 para poder tener una poderosa experiencia en las Fases 2 y 3 (descarga). Entonces, ¿qué pasa? Hombres, ustedes no entienden la lenta reacción de su esposa, o por qué ella no se excita tan rápidamente como ustedes. Se frustran y se preguntan por qué esta mujer fría ni respira jadeante cuando tratas de quitarle la blusa o cuando ella te contempla en todo el esplendor de tu masculinidad al desnudo. Esposas, ustedes se preguntan cómo es que esta bestia sexual puede ir desde las profundidades de casi no hablarte en todo el día a las alturas de la pasión ¡en menos de diez segundos!

La segunda diferencia es también una cuestión de tiempo: el esposo puede moverse de la Fase 2 (excitación) a la Fase 3 (descarga/eyaculación) mucho más rápido que su esposa. Así que, antes de que la esposa esté de verdad en su momentum emocional o físico, el esposo puede rápidamente experimentar el orgasmo y estar listo para relajarse, arrebujarse (o peor aun, darse la vuelta) y dormirse felizmente. La esposa se siente usada, frustrada e insatisfecha. Esposos, ustedes preguntan (en silencio o en voz alta) por qué su esposa es tan lenta y raramente o nunca experimenta un orgasmo. Luego estás completamente sorprendido cuando la rabia, la frustración y la desilusión de tu esposa la hacen estar menos dispuesta cuando tú "estás de ánimos".

La diferencia número tres es una función de frecuencia: después de que el hombre alcanza un cierto nivel de excitación en la Fase 2 (erección), debe pasar a la Fase 3 (descarga/eyaculación) para sentirse satisfecho. Las mujeres, sin embargo, no tienen que tener un orgasmo durante cada sesión de acto sexual para experimentar satisfacción, o la Fase 4 (resolución).

Las esposas que no entienden este hecho fisiológico y psicológico de su respuesta sexual pueden frustrarse por sus falsas expectativas. Si crees que debes experimentar el orgasmo cada vez que haces el amor, puedes comenzar a dudar de tu capacidad sexual o la de tu esposo.

Si ustedes, esposos, no entienden la naturaleza de la frecuencia orgásmica de sus esposas, pueden poner una presión innecesaria en ambos si tratan de llevar a su esposa al clímax cada vez que tienen un coito. O pueden irse al otro extremo y darse por vencidos en tratar de ayudar a sus esposas a que tengan algún orgasmo. El objetivo debe ser el permitir que tu esposa disfrute de los orgasmos tan frecuentemente como ella pueda, pero sin una sensación de que se les está evaluando su "actuación". Dejen de contar y de compararse con lo

que se dice en los programas de opinión. Mejor enfóquense en
una relación amorosa y mutuamente satisfactoria, y se sentirán contentos y conectados.

Ahora hablemos del tema de la frecuencia desde otro punto
de vista. La mujer puede ir muy lejos en mostrar afecto y
todavía no estar pensando en tener relaciones sexuales. Ella
puede estar contenta acurrucándose y sintiéndose física y emocionalmente cercana a su esposo, y dejarlo así. Mas no su
esposo, por lo general él no tiene que ir muy lejos dentro
de la Fase 2 (excitación/erección) antes de que necesite pasar
a la Fase 3 (descarga), para evitar tener una experiencia
frustrante.

Esposos y esposas necesitan trabajar muy duro para entenderse y para satisfacer las necesidades de ambos en este
punto crítico. El esposo que no percibe la necesidad de afecto y cercanía emocional de su esposa la enajenará y privará
su matrimonio de la amistad. Los hombres necesitan darse
cuenta de que no toda ocasión de afecto tiene que terminar
en "el acto". De hecho, tu esposa se resentirá si cada vez
que la tocas es porque quieres que pase "algo más". Ella sospechará de cualquier acercamiento que hagas y tendrá miedo
de ser cálida por temor a que interpretes sus expresiones
como una invitación a tener sexo. De forma inversa, la esposa que no entiende el instinto sexual masculino comenzará a
criticar a su esposo. La esposa debe darse cuenta de que su
esposo se excita con más facilidad que ella, y que después
de un cierto momento de mostrar afecto, él necesitará llevar las cosas ¡al final lógico! Si no, ella lo dejará insatisfecho[2].

Ni la naturaleza sexual del hombre ni la de la mujer es
"correcta" o "incorrecta", o es "mejor" o "peor" que la otra.
Lo que tenemos que trabajar son nuestras actitudes. Lo que se
necesita es más amor, paciencia, generosidad y adaptación de
las dos partes. Imagino que Dios lo hizo así para llamarnos
a desarrollar un carácter más parecido al suyo y ¡para ayudarnos a tener una vida más interesante!

Falta de entendimiento de las expectativas

¿Cuántas luchas, discusiones y frustraciones han resultado de expectativas insatisfechas o mal entendidas? Tú, esposa encantadora, te has estado sintiendo romántica todo el día y estás lista para una maravillosa noche de amor. Le preparas su cena favorita, te das un baño de lujo, te adornas con la ropa de noche que a él más le gusta, te pones las fragancias especiales, y con ansias esperas su llegada. Él llega a casa cansado, distraído y despistado. No recibe tus señales. Se retira detrás del periódico, se queda dormido en el sofá o sale con los muchachos.

Tú, esposo, has estado de ánimo para el amor desde que esta mañana tuviste ese maravilloso vistazo de tu princesa en la ducha. Sólo sabes que ¡esta noche será pura pasión! Por el contrario, te encuentras con una esposa que está de mal humor, cansada y lista para acostarse a dormir, pero no para esos juegos. O ella ha planeado tener una larga y agradable conversación telefónica con su madre después de que los niños estén dormidos. Cuando finalmente se acuesta, aparece sin haberse duchado y en bata. Te retiras al baño, te das una ducha de agua fría, dejas ahí tu apasionada y desilusionada naturaleza, y te pasas una hora leyendo la Biblia.

¿Cómo evitan que esto pase? ¡HABLEN! No hagas de tu pareja un telépata. Desarrollen su propio y especial "lenguaje de amor", uno que sólo ustedes conocen y al que responden. Asegúrense de que sus pequeñas señales son escuchadas y entendidas. Saca a relucir tus necesidades y deseos antes de salir de la casa en la mañana o con una llamada telefónica durante el día. Mientras más altas sean tus expectativas, más urgente es que se comuniquen, porque mayor será su desilusión si sus expectativas no son satisfechas.

Mantener una relación sexual satisfactoria y saludable no es algo fácil. No existe una sola pareja que esté viva que no haya tenido problemas. Sin embargo, si identificas los problemas apropiadamente, pide consejo y ayuda, apóyate en todos los recursos que Dios te ha dado, y podrás lidiar con ellos. En las diferentes etapas de la vida los problemas serán distintos. Resuelve los que enfrentas ahora en esta etapa, y eso te preparará para el próximo reto que tengas por delante. Pero independientemente de lo que enfrentes, no renuncies al plan de Dios. En el siguiente capítulo nos enfocaremos en los hábitos positivos que pueden alimentar un matrimonio romántico, y mantenerlo así toda nuestra vida.

 capítulo siete la promesa

"¡Cuán delicioso es tu amor, hermana y novia mía!
¡Más agradable que el vino es tu amor,
y más que toda especia la fragancia de tu perfume!"
(Cantar de los cantares 4:10)

¿Cómo construyes una vida amorosa grandiosa? He aquí siete pasos positivos para dar.

Actitud

"Den, y se les dará: se les echará en el regazo una medida llena,
apretada, sacudida y desbordante. Porque con la medida que midan a
otros, se les medirá a ustedes." (Lucas 6:38)

"Cada uno debe velar no sólo por sus propios intereses sino
también por los intereses de los demás." (Filipenses 2:4)

Al amar a su esposa, la Iglesia, Jesús no buscó complacerse a sí mismo (Romanos 15:3). En el matrimonio, especialmente en el amor sexual, debemos buscar el tener esta misma actitud. Si nos acercamos al hecho de hacer el amor con la intención de acercarnos, dar amor y darle placer a nuestra pareja, seremos bendecidos. Nos encontraremos excitados y satisfechos. Busca dar de ti mismo. Busca dar placer. Celebra y disfruta tu matrimonio. Te espera una profunda satisfacción.

Hombres, ustedes no están ahí para probar su fuerza sexual. No estás ahí para demostrar que puedes excitar a tu esposa y hacer que tenga orgasmos múltiples. Mujeres, ustedes no están ahí para estar al día con la última moda en sexo

que aparece en las revistas femeninas o para pasar con trabajo otra noche aburrida. Estás ahí para dar y recibir amor.

Atención

"¿A dónde se ha ido tu amado, tú, bella entre las bellas?
¿Hacia dónde se ha encaminado? ¡Iremos contigo a buscarlo!"
(Cantar de los cantares 6:1)

Estén pendientes y atentos el uno del otro todo el tiempo. Esposa, sé sensible a su necesidad de respeto, ánimo
y ayuda. Halágalo y exprésale tu admiración por su buen
carácter. Muéstrale tu aprecio por la forma como te sirve
y como sirve a los niños. Esposo, muestra preocupación por
el bienestar físico, emocional, espiritual y social de tu
esposa. Observa las cosas más pequeñas que hace y déjale
saber cuánto significa para ti. Con frecuencia, felicíta-
la sinceramente por su apariencia.

Escríbanse tarjetas o notas de agradecimiento, de ánimo y
de apreciación. Sorpréndanse con regalos pequeños (¡o grandes!). Da el primer paso y haz una diligencia o un trabajo que
haya estado agobiando a tu esposa. Dale esas miradas especiales y que sólo ella conoce. Al realizar estas pequeñas cosas
cada día, y hacerlo un hábito para toda la vida, estás efec-
tuando pequeños depósitos en un fondo mutuo ¡que pagará una
sorprendente tasa de interés! La intimidad sexual cobra su
valor y su precio de estas pequeñas inversiones de amabilidad.

Afecto

"Ah, si me besaras con los besos de tu boca ...
¡grato en verdad es tu amor, más que el vino!"
(Cantar de los cantares 1:2)

La amable ternura del contacto físico debe impregnar el
matrimonio. Cuando lo hace, el excitante e íntimo acto del

amor romántico es el siguiente paso natural. El tocarse con pasión es fácil y cómodo para este tipo de parejas, y la intimidad sexual no es embarazosa o torpe. Tómense de las manos en público y en privado. Siéntense el uno al lado del otro. Esposo, pon tu mano en su mano; esposa, pon tu mano en su mano o en su rodilla. Mientras están sentados, pásale un brazo por los hombros; cuando estén de pie, abrázala por la cintura. Dense un ligero apretón en el hombro cuando pasen cerca el uno del otro. Esposa, acurrúcate en su regazo. Esposo, aprende a dejarla acurrucarse sin necesidad de una agenda secreta para hacer el amor después. Abrácense el uno al otro. Aprendan a dar esos exquisitos masajes para relajar la tensión de los hombros y el cuello. Aunque sus manos no sean fuertes, el maravilloso poder de la caricia humana más gentil puede remover de manera sorprendente las cargas de un día pesado. Lo mismo ocurre con un masaje facial, un masaje para los pies o para las manos. Dense un beso de buenos días y de buenas noches, de bienvenida y de despedida, o sin que haya alguna razón para hacerlo.

Todas estas acciones tienen que hacerse en los lugares apropiados, pero es mi observación que la gran mayoría de nosotros se equivoca al preferir ser fríos a ser cálidos. Me preocupa y me duele ver parejas a quienes raramente se les encuentra teniendo contacto físico. Generalmente significa una distancia correspondida en su amor privado. ¿Por qué le dejamos el tomarnos de las manos en público y la calidez del amor a las parejas que no se han casado? La mayoría de nosotros desea, en secreto, volver a esos días cuando nos mostrábamos más afecto. Entonces, ¡cambien! Es sencillamente una cuestión de forma de pensar y de iniciativa. Las parejas que hacen estas cosas, cosechan en riqueza y son la envidia de los demás.

En nuestro libro anterior, *Criando niños ejemplares en tiempos difíciles*, conté la historia de una conversación que alguna vez escuché entre mi hijo y un amiguito de cuatro años mientras estaban sentados en el asiento trasero

del auto. Después de vernos a Geri y a mí darnos un ligero beso al saludarnos, su amigo comentó en tono desaproba-
dor: "Oh…, ¡tu mamá y tu papá se besaron! ¡Mi mamá y mi
papá nunca hacen eso!". David, para nada intimidado, y con
una gran confianza, respondió: "Bueno, mi mamá y mi papá
¡se besan mucho!". Prefiero que mis hijos sepan que mi esposa y yo nos amamos, y que vean el verdadero amor asociado
al matrimonio, a que sólo vean el sexo representado como el
territorio de los que no están casados o de los adúlteros.

Atmósfera

"… una alfombra de verdor es nuestro lecho,
los cedros son las vigas de la casa y nos cubre un techo de cipreses."
(Cantar de los cantares, 1:16-17)

La habitación debe ser un lugar de privacidad y belleza que
provea la atmósfera donde pueda disfrutarse del sexo. A menudo es la habitación más desordenada de nuestra casa. ¿Por qué?
Porque gastamos todas nuestras fuerzas y recursos en las habi-
taciones que ven los visitantes. También es la última habitación que limpiamos. "… No entres en nuestra habitación;
¡está hecha un desastre!", es el bochornoso comentario que
hacemos cuando nuestras visitas están conociendo la casa. Se
convierte en el depósito de la ropa sucia o sin doblar, de
la mesa de la plancha, de nuestras chequeras, cuentas y regis-
tros de impuestos, y pilas de periódicos y revistas sin leer.
El papel tapiz está despegándose, los muebles no combinan, el
baño sin limpiar está generando nuevas formas de vida, y la
puerta del clóset tiene avisos de avalancha en todas partes.
Para rematar, ¡las sábanas de caricaturas que tomamos pres-
tadas de las camas de los niños dan el toque final a la inspiración para esas inolvidables noches de romántica pasión!
Una gran atmósfera ayuda a que el sexo sea genial. El tiempo y el cuidado invertidos en hacer que la habitación sea un
lugar de belleza no regresarán vacíos. Hasta el más mínimo

esfuerzo puede ayudar. Si todo lo que te permite tu presupuesto es una limpieza profunda, ¡hazlo! Si puedes, intenta poner una mano de pintura, algunas fotografías, sábanas nuevas, música romántica, velas y otros toques creativos, y observa lo que pasa. Una mejora del ambiente puede darle a nuestra vida amorosa ese impulso extra para que sea especial otra vez.

Atractivo

"Sus brazos son barras de oro montadas sobre topacios.
Su cuerpo es pulido marfil incrustado de zafiros.
Sus piernas son pilares de mármol
que descansan sobre bases de oro puro.
Su porte es como el del Líbano, esbelto como sus cedros."
(Cantar de los cantares 5:14-15)

"¡Ah, princesa mía, cuán bellos son tus pies en las sandalias!
Las curvas de tus caderas son como alhajas
labradas por hábil artesano.
Tu cabeza se yergue como la cumbre del Carmelo.
Hilos de púrpura son tus cabellos;
¡con tus rizos has cautivado al rey!"
(Cantar de los cantares 7:1, 5)

Le debemos a nuestra pareja el vernos y lucir lo mejor posible, y el estar físicamente bien. Si dejas que tu cuerpo gane mucho peso o pierda su tonicidad, estás degradando el templo del Espíritu Santo (1 Corintios 6:19) y eres poco considerado(a) con tu pareja. Te muestras egoísta y holgazán. Deja de sentir lástima por ti mismo(a). Deja de inventar excusas sobre el metabolismo y la genética, ¡y ponte en forma! Muévete. Dios hizo el cuerpo humano para que responda al ejercicio y a la dieta adecuada. Para muchos puede ser algo más que un reto. ¿Quieres perder peso? Sigue la "Infalible dieta milagrosa de Laing para perder peso": Quema más de lo que comes. Aumenta lo que sale (ejercicio), disminuye lo que entra (especialmente comidas que engordan), mantente firme, ¡y verás resultados positivos! Si es necesario, únete a un grupo de pérdida de peso o consigue la ayuda de un buen profesional.

La mayoría de nosotros necesita tonificar la musculatura. Un cuerpo fofo no es atractivo. El simple ejercicio ligero hecho constantemente marcará la diferencia, tanto en tu apariencia como en cómo te sientes. Sentirte bien con tu apariencia tiene un efecto directo en tu apetito sexual y en tu confianza. Las mujeres están más en paz cuando saben que se ven bien, femeninas y bonitas. Los hombres que están físicamente en forma también tienen una mayor sensación de aprobación propia, más confianza masculina y mayor motivación sexual.

Vestuario, aroma y atracción

"¡Cuán bella eres, amada mía! ¡Cuán bella eres!
Tus ojos tras el velo son dos palomas.
Tus cabellos son como los rebaños de cabras... "
(Cantar de los cantares 4:1)

"Tus labios son cual cinta escarlata;
tus palabras me tienen hechizado."
(Cantar de los cantares 4:3)

"Cautivaste mi corazón, hermana y novia mía,
con una mirada de tus ojos; con una vuelta de tu collar
cautivaste mi corazón.
¡Cuán delicioso es tu amor, hermana y novia mía!
¡Más agradable que el vino es tu amor,
y más que toda especia
la fragancia de tu perfume!
Tus labios, novia mía, destilan miel;

leche y miel escondes bajo la lengua.
Cual fragancia del Líbano
es la fragancia de tus vestidos."
(Cantar de los cantares 4:9-11)

"Ya me he quitado la ropa;
¡cómo volver a vestirme!
Ya me he lavado los pies;
¡cómo ensuciarlos de nuevo!
Mi amado pasó la mano
por la abertura del cerrojo;
¡se estremecieron mis entrañas al sentirlo!
Me levanté y le abrí a mi amado;
¡gotas de mirra corrían por mis manos!
¡Se deslizaban entre mis dedos
y caían sobre la aldaba!"
(Cantar de los cantares 5:3-5)

Estas escrituras muestran que el vestuario, la apariencia y el aroma de la mujer excitan la pasión de su esposo, su amante. La imagen y los pensamientos que la evocan lo excitan. Ella se ve atractiva. Él sabe que se ve hermosa cuando viene a ella. Ella sabe que se ve maravillosa y, por lo tanto, siente deseos de hacer el amor. Usa joyas, una hermosa bata, un velo atractivo, maquillaje, se arregla el cabello de forma atractiva, está refrescantemente limpia, y usa las fragancias más finas. (*Vean* también Cantar de los cantares 6:7). Las mujeres cristianas pueden aprender mucho de la esposa de Salomón en cuanto a cómo hacerse atractivas para sus esposos. Ciertamente, en la vida real, cada noche juntos no puede ser la ideal, pero esta escritura les recuerda a las mujeres que no olviden la importancia de la atracción sexual en el matrimonio. También les recuerda preparar algunas noches especialmente románticas y no caer en un patrón monótono en su vida amorosa.

Algunas mujeres todavía usan sus pijamas de cuando estaban en la escuela. Estas cosas son desagradables, feas y poco agraciadas. No importa que se sientan cómodas y calientes con ellas, tienen que botarlas a la basura. La mayoría de los hombres quieren algo un poco más excitante que las dormilonas hasta los tobillos con manga larga como de monjas que algunas de ustedes usan para dormir. Pregúntale a tu esposo qué le gusta. De seguro que puedes estar de acuerdo en alguna ropa de noche que él cree que se ve *sexy* y ¡que también te hace sentir sexy! Usa perfume. El que a él le gusta. Por todo el cuerpo. Mucho. Lo suficiente para incendiar la habitación. Muéstrate absolutamente fresca y limpia para hacer el amor. Lávate los dientes. ¡No sólo esa mañana! Justo antes de dormir, ¡por favor! Péinate. Ponte lápiz labial si a él le gusta. Luce tan bien (¡con una pijama diferente, por supuesto!) como si fueras a salir a pasar una noche espectacular.

Esposos, tendrán que gastar algo de dinero en esto. No se quejen de la apariencia de su esposa si ustedes la hacen sentir como una despilfarradora cada vez que se compra algo nuevo. Y esto no sólo incluye ropa de noche, sino la ropa que necesita para verse a la moda y atractiva todos los días.

"Mi amado es apuesto y trigueño,
y entre diez mil hombres se le distingue.
Su cabeza es oro puro;
Su cabellera es ondulada
y negra como un cuervo.
Sus ojos parecen palomas
posadas junto a los arroyos,
bañadas en leche,
montadas como joyas.
Sus mejillas son como lechos de bálsamo,
como cultivos de aromáticas hierbas.

Sus labios son azucenas
por las que fluye mirra.
Sus brazos son barras de oro
montadas sobre topacios.
Su cuerpo es pulido marfil
incrustado de zafiros.
Sus piernas son pilares de mármol
que descansan sobre bases de oro puro.
Su porte es como el del Líbano,
esbelto como sus cedros.
Su paladar es la dulzura misma;
¡él es todo un encanto!
¡Tal es mi amado,
tal es mi amigo,
mujeres de Jerusalén!"
(Cantar de los cantares 5:10-16)

Este hombre se veía atractivo y olía bien. Hombres, ¡vístanse como les gusta a sus esposas! Déjenlas que les ayuden a elegir la ropa, incluyendo lo que van a usar para dormir. La mayoría de los hombres necesita ayuda para saber cómo vestirse con estilos y colores que resalten su apariencia. Toma una ducha. Justo antes de acostarte. Utiliza jabón. Lávate bien. Por todas partes. Tú también tienes que lavarte los dientes. Especialmente, aféitate esa barba de un día. Usa colonia y desodorante.

Revisa tu ropa y deshazte de tu ropa interior vieja. Haz un hábito el verte bien cuando vayas a salir. No te veas ni actúes como un patán cuando estés en casa. El hecho de que estés casado no te da el derecho de comportarte y hablar a la vista o cercanía de tu esposa como si estuvieras en el vestidor del gimnasio. Le apagas el deseo cuando haces cosas desagradables como las que acostumbrabas cuando eras niño, y de las que se reían tus amigos de la escuela.

Articulación

"Cuán bella eres, amor mío,
¡cuán encantadora en tus delicias!"
(Cantar de los cantares 7:6)

Hablen entre ustedes de su vida amorosa. Pregúntale a tu pareja: "¿Qué te da placer?". Observa qué lo estimula, pero también anímalo a decirlo. Esposo y esposa deben sentirse cómodos hablando de temas sexuales. De otro modo, podemos pasar meses y hasta años ignorando lo que complace o no complace a nuestra pareja. Puede ser algo sobre la higiene, el vestuario o acciones físicas al hacer el amor: sea lo que fuere, simplemente debemos aprender a ser abiertos a la discusión. Debemos comunicarnos tanto lo positivo como lo negativo, siempre de manera íntima y suave. Mujeres, ustedes en particular necesitan dejarles saber claramente a sus esposos sobre los cambios que ocurren en la sensibilidad de su cuerpo y en sus reacciones.

Expresen su atracción y su amor. Dile a tu esposa(o) qué es lo que te estimula de ella(él), y déjale saber las cosas físicas, verbales, visuales y emocionales que hacen emocionante tu vida sexual. Puede ser una sonrisa, una risa, la forma de pararse, el tono de voz: generalmente es algo de lo que no está consciente, pero que le encantará saber. Los amantes del Cantar de los cantares describen en bellas palabras el disfrute que el uno y el otro tienen de sus cuerpos: el cabello, los ojos, las mejillas, el cuello, los labios, la lengua, los dientes, el aliento, los senos y la cintura. Todos estos son descritos por ambos en términos poéticos y luminosos. En sí mismo, esto da una inmensa estimulación e intensidad al hacer el amor, y es uno de los secretos del verdadero sexo excitante.

Ambas personas deben sentirse física y moralmente cómodas con lo que se practica al hacer el amor. Si alguno de ustedes se siente avergonzado o tiene remordimientos de conciencia, entonces es hora de hablar y resolver las cosas. Nunca debes presionar a tu esposa(o) para que haga algo, al hacer el amor, que la(o) ofenda o que la(o) haga sentir sucia(o) o avergonzada(o). Una persona más modesta no debe ser puesta en ridículo ni se la debe hacer que parezca ignorante o poco inteligente; por el contrario, se la debe tratar con respeto y consideración.

Una vez dicho esto, déjenme decirles que el énfasis de las Escrituras parece ser sobre libertad y creatividad en el amor en el matrimonio, y no en limitaciones. Sus cuerpos les pertenecen (1 Corintios 7:4) y deben entregarse el uno al otro completamente. Algunos de nosotros, debido a pecados del pasado y malos entendidos de las Escrituras, hemos limitado innecesariamente el gozo y la celebración que deben estar presentes en nuestras relaciones sexuales. Deben hablar de esto entre ustedes o con la ayuda de un consejero competente. Para quienes son muy modestos, les sugiero un detallado estudio de los pasajes bíblicos sobre el tema, con especial énfasis en el Cantar de los cantares. Además de las Escrituras citadas en este capítulo, consideren las siguientes:

"Jardín cerrado eres tú,
hermana y novia mía;
¡jardín cerrado, sellado manantial!
Tus pechos son un huerto de granadas
con frutos exquisitos,
con flores de nardo y azahar;
con toda clase de árbol resinoso,
con nardo y azafrán,
con cálamo y canela,
con mirra y áloe,
y con las más finas especias.
Eres fuente de los jardines,
manantial de aguas vivas,
¡arroyo que del Líbano desciende!

¡Viento del norte, despierta!
¡Viento del sur, ven acá!
Soplen en mi jardín;
¡esparzan su fragancia!
Que venga mi amado a su jardín
y pruebe sus frutos exquisitos.
He entrado ya en mi jardín,
hermana y novia mía,
y en él recojo mirra y bálsamo;
allí me sacio del panal y de su miel.
Allí me embriago de vino y leche,
¡todo esto me pertenece!
¡Coman y beban, amigos,
y embriáguense de amor!
(Cantar de los cantares 4:12 – 5:1)

"Tu talle se asemeja al talle de la palmera,
y tus pechos a sus racimos.
Me dije: 'Me treparé a la palmera;
de sus racimos me adueñaré.'
¡Sean tus pechos como racimos de uvas,
tu aliento cual fragancia de manzanas
y como el buen vino tu boca!"
(Cantar de los cantares, 7:7-9)

La consideración de temas como el sexo oral, posiciones
variadas o creativas del coito, y estimulación de las diferentes áreas de la anatomía son, a mi juicio, temas que cada
pareja debe discutir y decidir en la privacidad de su propia habitación. En las bases de la libertad sexual del
matrimonio, con amor y consideración por los gustos y sentimientos de cada uno, todo puede resolverse para llegar a
un acuerdo mutuo satisfactorio que nos deje con un amor
sexual que crece y cambia, y que sólo mejora con el paso
de los años.

El amor romántico es un regalo maravilloso. Dios lo ha diseñado para que sea una experiencia gloriosa, gozosa y satisfactoria en cada matrimonio. Cuando está presente, la vida matrimonial, y toda la vida, toma un aire de felicidad y alegría junto con una sensación de diversión y celebración. Nosotros, como amigos amantes, estamos llenos de satisfacción, alegría y disfrute. ¡Ese es el glorioso plan de Dios!

♥ una cosa más...

La relación sexual entre esposo y esposa es de tremenda importancia en un matrimonio fuerte, saludable y duradero. Sé lo que se ha dicho, pero permítanme enfatizar de nuevo que ¡lo que distingue la relación de esposo y esposa de cualquier otra relación en la vida es el aspecto de "un solo cuerpo"! Creo que eso es a lo que Pablo se refiere como el "misterio" en el matrimonio (Efesios 5:32). La intimidad sexual en el matrimonio, cuando se practica con regularidad y en total entrega, produce eso exactamente: intimidad. Hace que tanto el esposo como la esposa se sientan cercanos y seguros. Quítala y la profundidad de la cercanía y del amor que sienten el uno por el otro no llegará a tener el potencial que Dios le ha dado.

En la mayoría de los matrimonios, uno de los grandes retos es que dos personas con inclinaciones sexuales diferentes se unan de manera satisfactoria para ambos. Por lo general (mas no siempre) es la esposa quien es menos deseosa del sexo frecuente. Si este es tu caso, debes lidiar con ello. Debes entender cuánto hiere tu matrimonio tu falta de entusiasmo por el sexo. No sólo necesitas la cercanía y la descarga más de lo que te das cuenta, sino que también puedes estar haciendo que tu esposo tenga serias luchas y tentaciones con la lujuria y otros pecados sexuales. Ningún hombre quiere que lo rechacen repetidamente, sea un rechazo directo o un constante desinterés. Si continúa el rechazo de cualquier tipo, muchos hombres dejarán de iniciar el acto sexual. Otros, obviamente, se volverán rencorosos y molestos, y otros endurecerán sus corazones en silencio y se distanciarán emocionalmente de sus esposas.

Mujeres, deben lidiar con lo que sea que les esté impidiendo disfrutar de una relación sexual regular. Para algunas de ustedes es pereza y egoísmo. Están envueltas en su propia vida, su trabajo o sus hijos, y su matrimonio –especialmente el romance– tiene una prioridad muy baja. Para otras es algo tan simple (pero dañino) como su apariencia. Tienes sobrepeso y te sientes poco atractiva y nada sexy. Una mujer que está avergonzada de su apariencia no puede relajarse y disfrutar de una relación sexual íntima y vulnerable. Después de trabajar con muchas mujeres, durante varios años, he aprendido que nadie pierde peso con éxito y de forma permanente hasta que profundamente quiera hacerlo en su corazón. Pero date cuenta de esto: con tu rechazo a vencer tu problema, estás hiriendo cualquier otra relación en tu vida, en especial tu matrimonio. Decídete a perder peso, a ponerte en forma, a arreglarte. No sólo vivirás más tiempo, ¡sino que la vida será mejor en todos sus aspectos!

Sam y yo sabemos cuán difícil es estar en forma. A medida que hemos ido envejeciendo ha sido necesario asumir con mayor seriedad lo referente a no ganar peso y mantenernos en forma. Requiere tiempo, esfuerzo y sacrificio, pero lo hacemos uno para el otro, para nosotros y por el bien de nuestro ejemplo y efectividad.

Permítanme concluir con unas palabras a los esposos. Por favor entiendan que si el único momento en que ustedes son verdaderamente atentos, afectuosos y amorosos es cuando se hallan "de humor para el amor", están matando su relación sexual con su esposa. De hecho, puede que la encuentren distanciándose de ustedes cada vez más porque sólo demuestran su afecto y calidez durante el preludio al acto sexual. Así como los hombres necesitan que el sexo sea algo cercano, las mujeres necesitan sentirse cercanas para tener sexo. Esposos, las mujeres quieren y necesitan que las amen, las abracen, las acaricien, y las mimen de vez en cuando, sólo por el hecho de que se preocupen por ellas, sin "segundas intenciones". Algunos de ustedes se sorprenderían del giro total que daría la respuesta de su esposa, tanto emocional como sexualmente, si sólo, pero genuinamente, le expresaran su amor por ella. El amor sexual es un gran regalo de Dios para que lo disfrutemos y atesoremos toda la vida. Mientras la pasión y la excitación de un nuevo matrimonio son una tremenda alegría y un recuerdo hermoso para siempre, nada puede compararse al amor que ha sido disfrutado y practicado por mucho tiempo. El matrimonio que sigue creciendo con los años experimentará una unión sexual que continuará alcanzando niveles más altos de disfrute y niveles más profundos de satisfacción. Todos los que se entregan sin reservas a sus parejas en el matrimonio dispondrán de esta creciente satisfacción. ¡Disfruten y celebren juntos la vida!

Ahora es tiempo de dejar de leer por esta noche. ¡Tienen mejores cosas que hacer!

Geri Laing

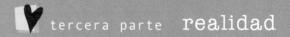 tercera parte **realidad**

**"Más bien, busquen primeramente el Reino de Dios y
su justicia, y todas estas cosas les serán añadidas."**
(Mateo 6:33)

El dinero debería ser una bendición y no una maldición. Como
yo lo veo en las Escrituras, existen tres razones por las que
Dios nos da bendiciones materiales. Primero, para mantener
nuestra vida y la vida de nuestros hijos. Segundo, Él nos da
el dinero que será utilizado para promover su Reino. Y por
último, nos da los recursos financieros para que podamos ayudar a los pobres y practicar la hospitalidad. Todas estas son
razones buenas y rectas. Más adelante, la Biblia nos enseña
que cada bendición que tenemos viene de Dios (Santiago 1:17),
y que todo lo que Dios ha creado es bueno (1 Timoteo 4:4) y
debe utilizarse para su gloria.

¿Por qué lo que debe ser una bendición se convierte en un
problema en nuestro matrimonio? Típicamente, el problema está
en nuestra actitud. Así como hay tres usos apropiados para el
dinero, también hay tres actitudes incorrectas al respecto.

Primero, está mal amar el dinero.

"Porque el amor al dinero es la raíz de toda clase de males.
Por codiciarlo, algunos se han desviado de la fe y se han causado
muchísimos sinsabores." (1 Timoteo 6:10)

El dinero en sí no es malo, lo que está mal es el vivir por
dinero y el amor al dinero.

Segundo, el dinero se convierte en un problema cuando se
torna en fuente de división y conflicto. Las discusiones por

dinero son las más comunes y destructivas. Los desacuerdos en temas monetarios pueden separar matrimonios y crear una tensión continua.

Tercero, el dinero se convierte en un problema cuando es fuente de ansiedad. Preocuparse por pagar las cuentas, comprar una casa, ocuparse de la educación universitaria de los hijos, etc., puede resultar en una carga tal que genere una presión constante en el matrimonio.

¡Pero todas estas actitudes pueden cambiar! Quiero compartir con ustedes diez actitudes que revolucionarán su manera de pensar acerca del dinero, y que pueden ser una bendición en lugar de una maldición.

Actitudes hacia las finanzas

1. Establece las prioridades correctas

En la misma escritura de este capítulo, Jesús nos dice que primero debemos buscar su Reino y su rectitud y que cuando lo hacemos, todas nuestras necesidades serán satisfechas. Nuestra primera prioridad en la vida no es hacer dinero o pagar las cuentas, sino servir a Dios y promover su Reino. Cuando Dios ve que tenemos la actitud de ponerlo a Él primero, se mueve poderosamente para sostenernos y apoyarnos en nuestro estilo de vida como discípulos.

Jesús declara que debemos elegir entre Dios y el dinero:

"Nadie puede servir a dos señores, pues menospreciará
a uno y amará al otro, o querrá mucho a uno y despreciará al otro.
No se puede servir a la vez a Dios y a las riquezas." (Mateo 6:24)

Una pareja de casados debe decidir que Dios estará por encima de todo, incluyendo las posesiones materiales. Cuando hacemos esto, Dios elimina de nuestra vida la ansiedad por el dinero. La mayoría de las personas que conozco que se preocupan por dinero, o le han dado demasiado valor o tienen muy poca fe en Dios.

"No te afanes acumulando riquezas;
no te obsesiones con ellas.
¿Acaso has podido verlas? ¡No existen!
Es como si les salieran alas,
pues se van volando como las águilas."
(Proverbios 23:4-5)

2. Vive dentro de tus posibilidades

"No te comprometas por otros;
ni salgas fiador de deudas ajenas;
porque si no tienes con qué pagar,
te quitarán hasta la cama en que duermes."
(Proverbios 22:26-27)

"Prepara primero tus faenas de cultivo,
y ten listos tus campos para la siembra;
Después de eso, construye tu casa."
(Proverbios 24:27)

Debemos vivir felices y con agradecimiento dentro del estilo
de vida que nos permite nuestro ingreso. El apóstol Pablo dice
sobre este tema:

"No digo esto porque esté necesitado, pues he aprendido a estar
satisfecho en cualquier situación en que me encuentre. Sé lo que es
vivir en la pobreza, y lo que es vivir en la abundancia. He aprendido
a vivir en todas y cada una de las circunstancias, tanto a quedar
saciado como a pasar hambre, a tener de sobra como a sufrir escasez.
Todo lo puedo en Cristo que me fortalece." (Filipenses 4:11-13)

Muchos necesitamos aprender la lección de estar contentos.
Pablo estaba contento con lo poco y con lo mucho. Si Dios te
ha bendecido con la abundancia, sé agradecido, ¡no te sien-
tas culpable! Utiliza tu abundancia para bendecir el Reino de
Dios y las vidas del pueblo de Dios, y para cubrir las nece-

sidades de los pobres. Si tienes menos, no te preocupes ni tengas envidia de quienes tienen más. Trabaja duro para salir adelante, pero no permitas que nada te robe tu gratitud y tu gozo. Muchas parejas de casados creen que serían felices sólo por el hecho de tener más dinero. La verdad es que la felicidad y la alegría no dependen de cuánto tenemos, sino de cuán cerca estamos de Dios.

Vivir dentro de sus límites financieros es especialmente importante para las parejas jóvenes que están comenzado su vida de casados. La tentación que pueden tener es comprar inmediatamente el auto, la casa y los muebles que sus padres trabajaron toda su vida para poder adquirir. En muchos casos sus padres tuvieron que trabajar, sufrir y sudar para ganarse lo que ahora tienen, y ustedes necesitan darse cuenta de este hecho y aprender a ser pacientes.

Hay algo muy especial en comenzar virtualmente desde cero (¡y seguro que te va a dar unas cuantas historias que contarles a tus hijos más adelante!). Geri y yo no estábamos "dotados" cuando nos casamos. Nos fuimos de luna de miel en medio del verano de 1969 en un volkswagen escarabajo sin aire acondicionado. Regresamos a un apartamento de una habitación y casi sin muebles. Ahorramos para comprarnos una cama. Comíamos en una mesa de jugar cartas. Me acuerdo haber hecho una base para nuestro televisor blanco y negro cubriendo una caja de cartón con papel adhesivo. Nuestro sofá era una agradable almohada que tirábamos en el piso de la sala. Cuando cumplimos nuestro sexto mes de casados, sacamos nuestros fondos y fuimos a nuestro restaurante favorito donde compartimos un sándwich y dos porciones de ensalada. Nuestro segundo automóvil fue una camioneta que quemaba aceite y era un desastre ambiental, que los padres de Geri nos vendieron por un dólar. (¡Más tarde la vendimos por veinticinco dólares!). Algunos estudiantes de la universidad en nuestro grupo del ministerio universitario tuvieron misericordia de nosotros porque no podíamos comprar un árbol de Navidad. Cuando se fueron de vacaciones, desarmaron el suyo y lo llevaron hasta nuestro apartamento y lo armaron allí, ¡decoraciones y todo!

Estos son algunos de nuestros más preciados recuerdos. Recordamos estar profundamente enamorados y ¡haber pasado los mejores momentos de nuestra vida! Recordamos que tuvimos un gran matrimonio, y que estábamos agradecidos por pertenecernos el uno al otro, por las bendiciones de Dios y su pueblo a nuestro alrededor. Vivimos dentro de nuestras posibilidades y gradualmente pudimos incrementar nuestros recursos financieros. No nos amargamos deseando tener más. Debemos continuar viviendo dentro de nuestras posibilidades, incluso después de tener hijos. Podemos mirar a nuestro alrededor y ver la linda ropa que usan los hijos de otras personas y avergonzarnos. Vemos las bicicletas, los juegos de video y los juguetes con los que otros pueden ser indulgentes con sus hijos, y comenzamos a sentir que nuestros hijos no podrán ser felices a menos que también tengan esas cosas. ¡Qué error tan tremendo! Es posible hallar la manera de que nuestros hijos estén bien vestidos y tengan las cosas que necesitan, y aún vivir dentro de nuestras posibilidades. El error que cometemos es tratar de ser más de lo que somos y tener una actitud mundana y competitiva acerca de cómo evaluamos nuestro valor y el valor de los demás.

3. Diseña un presupuesto y mantente en él

"Pon en manos del Señor todas tus obras,
y tus proyectos se cumplirán."
(Proverbios 16:3)

Siéntate y calcula tu ingreso mensual y el mejor estimado de tus gastos mensuales. Ponlo todo en papel. Haz un plan de cómo puedes hacer tus pagos a tiempo y de forma organizada. Si no conoces cuál es tu ingreso mensual ni cuáles son tus gastos, están destinados al desastre. Nunca gastes más de tu presupuesto a menos que ambos lo hayan conversado y estén de acuerdo. Hacer un presupuesto es una actividad que ambos deben realizar juntos y que ambos deben entender.(Más sobre este tema en la próxima sección del capítulo).

4. Pon primero la obra de Dios en tu presupuesto

Bajo el Antiguo Pacto, se esperaba que las familias dieran un diezmo (una décima parte) de su ingreso para el trabajo de Dios.

"¿Acaso roba el hombre a Dios? ¡Ustedes me están robando! Y todavía preguntan: '¿En qué te robamos?'. En los diezmos y en las ofrendas. Ustedes –la nación entera– están bajo gran maldición, pues es a mí a quien están robando. Traigan íntegro el diezmo para los fondos del templo, y así habrá alimento en mi casa. Pruébenme en esto –dice el Señor Todopoderoso–, y vean si no abro las compuertas del cielo y derramo sobre ustedes bendición hasta que sobreabunde. Exterminaré a la langosta para que no arruine sus cultivos y las vides en los campos no pierdan su fruto –dice el Señor Todopoderoso–. Entonces todas las naciones los llamarán a ustedes dichosos, porque ustedes tendrán una nación encantadora –dice el Señor Todopoderoso–." (Malaquías 8:8-12) (*Vean* también Números 18:21; Levítico 27:30)

Un estudio más avanzado del Antiguo Testamento muestra que los judíos daban otras ofrendas durante el año, lo que significa que su ofrenda total probablemente era superior al doble de su diezmo. En las enseñanzas de Jesús no existe un número específico ni un porcentaje dado, pero mi propia convicción es que la cifra de 10% es el punto de partida, y luego necesitamos tener fe de que podemos ir más arriba. En la Iglesia del primer siglo fueron más allá de 10% al cubrir las necesidades del pueblo de Dios y de su Reino (2 Corintios 8-9). El trabajo del Reino de Dios depende de nuestra contribución semanal, y debemos tener el corazón abierto y agradecido en la forma como vemos esta necesidad. Es mi observación que las parejas que aman el Reino de Dios, y que lo ponen primero al dar, y que son disciplinadas y generosas en su ofrenda son bendecidas financieramente. Por encima de todo, son bendecidas espiritualmente al devolverle a Dios una parte de lo que Él les ha dado a ellas.

5. Evita comprar a crédito

"Los ricos son los amos de los pobres;
los deudores son esclavos de sus acreedores."

(Proverbios 22:7)

Recuerdo que poco después de graduarme de la universidad comencé a recibir numerosas invitaciones de compañías de tarjetas de crédito para que adquiriera sus servicios. Me dije: "Sam, debes ser un tipo muy inteligente si todos estos bancos y compañías quieren que seas parte de su organización y tengas una de esas atractivas tarjetas de crédito". ¡Cuán equivocado estaba! La solicité. No utilizamos la tarjeta en meses, pero luego tuvimos que pagar una cuenta muy alta por reparaciones del vehículo y la cargué a la tarjeta de crédito. No pudimos pagar el saldo inmediatamente y empezamos a hacer los pagos mínimos. Luego comenzamos a pensar que necesitábamos otras cosas y utilizamos la tarjeta para comprar regalos y otras pequeñeces. En poco tiempo el saldo estaba muy por encima de los mil dólares. Nos dimos cuenta de nuestro error, cortamos la tarjeta de crédito en pedacitos y la pagamos completamente. ¡Nunca me olvidaré del alivio que sentí cuando envié ese cheque!

¡No caigan en la trampa de las tarjetas de crédito! Parece inofensivo poner un pedazo de plástico sobre el mostrador cuando compramos algo. "Es una compra tan pequeña", pensamos, "La pagaremos en pocos días". Pero entonces no la pagamos completa porque tenemos la presión de otros retos en nuestro presupuesto. Llevamos la tarjeta hasta el límite, luego solicitamos otra y hacemos lo mismo, luego otra y otra. Muy pronto tenemos miles de dólares, a altas tasas de interés, comiéndose nuestros recursos financieros.

Si deben utilizar tarjetas de crédito les recomiendo que sólo lo hagan con las que exigen el pago total del saldo a fin de mes. Si emplean una tarjeta de crédito para gasolina, páguenla completa a fin de mes. Si usan otra tarjeta de crédito, páguenla completa a fin de mes. Si no tienen la disciplina para hacerlo, corten sus tarjetas en pedacitos. ¿Qué significa comprar una casa o un automóvil a crédito? Para la mayoría de nosotros esta es la única forma como podremos hacer esas adquisiciones tan grandes, especialmente durante los primeros años de matrimonio. No hay nada malo con hacer compras grandes a crédito, si hemos presupuestado los pagos. Antes de hacer este compromiso, averigüen cuál es su límite en los pagos mensuales y no vayan más allá, no importa lo que les digan. Esto es particularmente cierto al comprar un vehículo. Muchas parejas jóvenes van y se compran un auto costoso a una tasa de interés alta. Al final, esto limita su habilidad de hacer algo más financieramente durante varios años. Es mejor que retrasen la compra de una casa o de un vehículo nuevo hasta que hayan ahorrado una buena cantidad para el pago inicial. Si ese es el caso, entonces, adelante. Es mejor esperar unos meses (o años) de modo que cuando hagan la adquisición ésta no se convierta en el factor controlador de su presupuesto y de su actitud.

6. Paguen las cuentas a tiempo

"No tengan deudas pendientes con nadie, a no ser la de amarse unos a otros. De hecho, quien ama al prójimo ha cumplido la ley." (Romanos 13:8)

Tanto si estamos pagando nuestras cuentas mensuales, como si estamos pagando un préstamo, nos encontramos en la obligación de hacerlo a tiempo. Muchos de nosotros estamos dispuestos a enviar los pagos tarde diciendo: "Bueno, realmente no quieren el dinero hasta que envíen el segundo aviso". Esto es injusto, falto de disciplina y un pobre ejemplo. ¡Paguen sus cuentas a tiempo! Cuando soliciten una segunda hipoteca, revisarán su crédito con cuidado, y si tienen un récord de pagos atrasados, esto podría ser la causa de que rechazaran su solicitud. Sean diligentes, incluso pagando los préstamos más pequeños. Algunos de nosotros debemos pequeñas cantidades a

amigos y estamos pensando: "Bueno, le pagaré cuando lo tenga".
El hecho es que nos estamos aprovechando de la generosidad y
el amor de nuestros amigos y los estamos tentando a tener
malas actitudes hacia nosotros.

Lo mismo es verdad con préstamos mayores que nos hayan
hecho nuestros amigos y nuestra familia. Cualquier préstamo
que reciban de esta naturaleza debe hacerse con un claro
entendimiento de cómo lo pagarán de vuelta. Deberá estar
escrito y firmado. Esto puede parecer frío e impersonal, pero
en verdad estarán protegiendo la relación. ¿Cuántas relaciones cercanas no hemos dañado por los malos entendidos y desacuerdos en el pago de un préstamo personal? Puede ser sabio
el nunca tomar dinero prestado de familiares y amigos. Podemos
terminar dependiendo del trabajo duro y la dedicación de
otros, más que de nuestros propios esfuerzos por construir
una base financiera. ¡No hay nada como la sensación de saber
que has trabajado duro por lo que tienes!

7. Escuchen los consejos

"Al necio le parece bien lo que emprende,
pero el sabio atiende al consejo."
(Proverbios 12:15)
"El orgullo sólo genera contiendas,
pero la sabiduría está
con quienes oyen consejos."
(Proverbios 13:10)
"Atiende el consejo y acepta la corrección,
y llegarás a ser sabio."
(Proverbios 19:20)

Las escrituras antes presentadas nos dicen claramente que
necesitamos escuchar a los demás. En ninguna otra área es más
importante el ser abiertos que en las finanzas. Muchas parejas se han metido en problemas financieros porque creen que
son genios de las finanzas. En mi experiencia, algunas de las

personas que han tenido la mayor confianza sobre cómo invertir, han cometido los errores más tontos. Deben buscar consejo en dos áreas básicas.

Primero, necesitan escuchar a su esposa(o). Es un terrible error que sólo uno de los miembros de la pareja tome todas las decisiones sobre el dinero; incluso si esa persona tiene más talento y es más efectiva administrando las finanzas, es un error que él o ella lo haga solo(a). Su habilidad intelectual puede no ser igual en fortaleza a su espiritualidad, y puede tomar algunas decisiones prioritarias equivocadas. Segundo, la otra mitad de la pareja necesita entender por qué, cómo y dónde se está gastando el dinero y debe estar de acuerdo. Sin estos aspectos, el matrimonio va rumbo a los desacuerdos y las dificultades. Una persona puede llevar la carga de organizar el presupuesto y poner las cosas en orden; pero la otra persona debe entender y apreciar lo que está pasando. Cuando ambos se involucran, los retos o dificultades financieras no dan pie a la tentación de perder la confianza o tener malas actitudes.

El segundo grupo de personas de quienes necesitamos consejo son los amigos sabios y maduros. Geri y yo siempre hemos asumido como hábito el pedir consejo de amigos espirituales y financieramente capaces antes de comprometernos económicamente en algo grande. Sea comprar una casa, un vehículo, o tomar una decisión respecto a la educación de nuestros hijos, siempre pedimos consejo antes de hacer cualquier movimiento. Este hábito nos ha traído las bendiciones de Dios y nos ha salvado de muchas decisiones tontas.

Si quieren llevar las finanzas sin la opinión de su esposa(o), la pregunta que les hago es la siguiente: ¿Qué quieren esconder? Mi segunda pregunta es: ¿Cuán inteligente crees que eres? Si, como pareja, no quieren que nadie más se involucre en sus decisiones financieras, les hago las mismas dos preguntas. Se requiere humildad para ser abiertos con nuestras vidas y para que otros nos den sus comentarios y sus puntos de vista; mas las recompensas son inmensas. En la actualidad hay muchas parejas que desearían haber pedido o escuchado consejo en materia financiera. Ahora viven bajo una abrumadora carga de deudas y darían lo que fuera si pudieran retroceder el tiempo. Les pido que ¡no ˙repitan este error!

8.Trabajen duro y construyan una base financiera sólida

"El perezoso no labra la tierra en otoño;
en tiempo de cosecha buscará y no hallará."
(Proverbios 20:4)
"¿Has visto a alguien diligente en su trabajo?
Se codeará con reyes,
y nunca será un Don Nadie."
(Proverbios 22:29)
"El que trabaja la tierra tendrá abundante comida;
el que sueña despierto,
sólo abundará en pobreza."
(Proverbios 28:19)
"El dinero mal habido pronto se acaba;
Quien ahorra, poco a poco se enriquece."
(Proverbios 13:11)

La Biblia nos enseña que el camino al éxito financiero es un trabajo sencillo y prosaico. No hay atajos. Encuentra una carrera y aférrate a ella. Trabaja duro para mejorar. Adquiere pericia y te convertirás en un empleado valioso. Si deseas levantar tu propio negocio, sé precavido y pide consejo no vaya a ser que te comprometas con algo que te exija trabajar en un horario que te deje poco tiempo para tu compromiso con la Iglesia. Pero si decides que esta es la dirección correcta, entonces prepárate para el trabajo duro y el sacrificio que serán necesarios.

Muchas personas están esperando que resulte ganador su número de la lotería, o que muera un tío rico y les deje una fortuna. Es muy probable que estas cosas nunca lleguen a pasar, y si pasan, el trabajo duro y la disciplina siguen siendo la manera como van a mantener lo que sea que les den. Me preocupa el ver cuántas personas trabajan por debajo de su potencial. Veo a graduados universitarios trabajando en puestos de comida porquè son demasiado flojos para ir y tratar de encontrar trabajo. He visto a otros abandonar su carrera antes de la graduación porque simplemente carecen de la voluntad para quedarse en la universidad hasta el final. Veo a otras personas que podrían prepararse mejor inscribiéndose en clases nocturnas y aprendiendo algo nuevo, pero están demasiado desmotivados y son demasiado flojos e indisciplinados para hacer el esfuerzo. Veo a demasiados hombres y mujeres en posiciones bajas dentro de sus compañías cuando un poquito de iniciativa y de esfuerzo personal los llevarían más alto. Ciertamente, no deberíamos volcar todos nuestros esfuerzos en el éxito del mundo. Pero creo que le debemos a Dios el dar lo mejor de nosotros. Comportarnos así habla a grandes voces de nuestro compromiso con Cristo. Cuando trabajamos duro, nos ganamos el respeto de los demás, de nosotros mismos y de nuestras(os) esposas(os). ¿Cuántos matrimonios sufren de las tensiones causadas por el hecho de que uno de los miembros de la pareja no está trabajando lo suficientemente duro, no es un luchador y no está trayendo el tipo de apoyo económico del que él o ella es capaz?

La Biblia nos enseña que aquellos que quieren enriquecerse caerán en una trampa (1 Timoteo 6:9), pero no hay nada malo en trabajar duro para mantenerse uno mismo, para mantener a su familia y para poder ayudar a otros que estén necesitados (Efesios 4:28; 1 Tesalonicenses 4:11-12).

9. Aparten una porción de su ingreso
   y pónganla en una cuenta de ahorros

La sabiduría dicta que debemos ahorrar algo de nuestro ingreso regularmente para ayudarnos a lidiar con necesidades especiales e inesperadas, tanto en nuestras vidas como en las vidas de otros. Comiencen a ahorrar desde ahora para la educación universitaria de sus hijos y para su jubilación. Una cuenta de ahorros provee un "colchón" para lo inesperado, nos mantiene alejados del desastre financiero y nos proporciona una mayor libertad financiera. Otra razón para tener ahorros es prepararnos de antemano para los requeridos pagos de seguros, impuestos u otras cuentas que no tienen una frecuencia mensual. Si aprenden a ahorrar de antemano, estos pagos no les harán estar bajo presión cuando tengan que efectuarlos. Les recomiendo que hagan depósitos automáticos a su cuenta de ahorros debitados de su cheque de pago; pueden llevarlo a cabo en cooperación con su banco. Esto les asegura el ahorro del dinero y que se hará de manera disciplinada y a tiempo.

Algunas personas sienten que tener una cuenta de ahorros es falta de fe. "¿Por qué no vivimos cada día a la vez? ¿No se ocupa Dios de nosotros de esa forma?". Es verdad que debemos vivir un día a la vez confiando que Dios nos proveerá en nuestras necesidades básicas, pero tenemos que recordar que Dios espera que seamos buenos administradores de lo que nos da. Incluso utiliza el ejemplo de la hormiga laboriosa que trabaja duro y guarda sus provisiones de antemano, como reprimenda a nuestra falta de previsión y disciplina (Proverbios 6:6-8). Además, muchos de nosotros hemos estado agradecidos por quienes tenían el dinero ahorrado y lo utilizaron para ayudarnos en momentos específicos de necesidad en nuestras vidas. Si nadie ahorrara, ¿quién ayudaría en momentos así?

10. Sean generosos

> "El tacaño ansía enriquecerse,
> sin saber que la pobreza lo aguarda."
> (Proverbios 28:22)

> "El que ayuda al pobre no conocerá la pobreza;
> el que le niega su ayuda será maldecido."
> (Proverbios 28:27)

"Unos dan a manos llenas, y reciben
más de lo que dan; otros ni sus deudas pagan
y acaban en la miseria.
El que es generoso prospera;
el que reanima será reanimado."
(Proverbios 11:24-25)

La actitud de ser generosos con lo que tenemos es algo hermoso. La Biblia nos enseña que Dios da generosamente, incluso a quienes no lo aprecian ni lo entienden (Mateo 5:45). Debemos cultivar una actitud de generosidad y bondad en nuestra vida diaria. Si siempre nos estamos preocupando por cuánto cuestan las cosas y quejándonos de lo que hacemos por los demás, no somos atractivos a las personas:

"No te sientes a la mesa de un tacaño,
ni codicies sus manjares,
que son como un pelo en la garganta.
'Come y bebe', te dirá,
pero no te lo dirá de corazón."
(Proverbios 23:6-7)'

Algunos de nosotros somos tacaños en lo que damos a nuestras(os) esposas(os) y a nuestro matrimonio. No compramos regalos agradables de cumpleaños ni presentes de aniversario, ni sorprendemos a nuestra pareja con algo comprado espontáneamente. Nos excusamos diciendo: "Bah, esas son cosas materiales". De lo que tenemos que darnos cuenta es que los regalos son una forma de expresar nuestro amor. Jesús apreció y afirmó esta expresión, incluso cuando sus discípulos pensaron que era un desperdicio (Mateo 26:8-13). ¡Sean generosos y den en su matrimonio!

Otros de nosotros no somos hospitalarios ni amables con otras personas porque siempre estamos preocupados por cuánto estamos gastando. Somos los últimos en ofrecernos a pedir

la cuenta de la cena. Cuando tenemos invitados, no hacemos
ningún esfuerzo especial para demostrarles cuánto los queremos, por cómo les servimos o el esfuerzo que hacemos. No
estoy diciendo que tengamos que volvernos derrochadores para
hacer amigos, pero hay un tiempo para sacrificar y dar regalos especiales y mostrar una atención especial.

Otra área vital para la generosidad es la de dar al necesitado. La Biblia está repleta de ejemplos y enseñanzas en
cuanto a ayudar al menos afortunado. *"Servirle al pobre es
hacerle un préstamo al Señor; Dios pagará sus buenas acciones"* (Proverbios 19:17). Alrededor de todos nosotros hay
personas que tienen necesidades. Podemos involucrarnos ayu-
dando directamente a los pobres con nuestros propios regalos, o trabajando para, o apoyando financieramente, organi-
zaciones que alivian su sufrimiento.

Diez pasos para la libertad financiera

Ahora queremos hablar de los pasos prácticos para que se orga-
nicen en un presupuesto. Si no se sienten animados con las
finanzas de su familia, hay esperanzas. Utilicen los diez
pasos que siguen como una ayuda práctica para salir del problema y pisar sobre tierra firme.

1. ¿Cuál es su ingreso total mensual?
Es importante que entiendan exactamente lo que están llevando al hogar. Si su ingreso es variable porque están en
una profesión como ventas por comisión, hagan lo mejor posible por mantenerse dentro de un estimado conservador.
¿Cuándo llega? Escriban todas las fechas y las cifras.

2. ¿Cuáles son sus gastos fijos mensuales?
Asegúrense de incluirlos todos. Primero, pongan el monto de
su ofrenda semanal actual, luego sigan con el arriendo o
hipoteca. Hagan un estimado de facturas variables mensuales
como electricidad, gas, agua, teléfono, etc. Incluyan los
pagos del vehículo y los pagos de las tarjetas de crédito.

Para calcular los pagos de las tarjetas de crédito, registren el saldo total que deben y el pago mensual mínimo aceptable para cada tarjeta. Incluyan cualquier pago que estén haciendo para saldar deudas personales. Asegúrense de incluir sus pagos trimestrales (u otros pagos que ocurren menos de una vez al mes) y cuándo se vencen.

3. ¿Cuáles son los gastos variables que pueden normalizar? Junto con tu esposa(o), hagan el mejor estimado posible en cuanto a gastos mensuales tales como comida, ropas, lavandería, higiene personal y gastos personales, incluyendo diversión y regalos. Nota: ¡El presupuesto de comidas probablemente sea más alto de lo que crees! Hagan el mejor estimado que puedan; es posible ajustarlo después.

4. Hagan juntos un presupuesto inicial
Agrupen las facturas en dos categorías: las que vencen en la primera quincena y las que vencen en la segunda. Escríbanlas en una hoja de cálculo. Asegúrense de incluir sus pagos trimestrales y semestrales en los "pagos" mensuales para los que necesitarán ahorrar de antemano. Tanto el esposo como la esposa deben recibir una mesada en efectivo como parte del presupuesto familiar. Por ejemplo, si la esposa hace el mercado, necesita recibir en efectivo la cantidad presupuestada para comida. Este dinero es para que ella lo emplee como considere más conveniente. Si es ahorrativa, el dinero extra es suyo para que lo utilice de otra forma. Incluido en su presupuesto estarán otras categorías como lavandería, gastos para los niños, etc. (Es sabio que ella divida el dinero en sobres identificados con cada categoría y su presupuesto).

El esposo también necesita su mesada personal. Ésta incluye su dinero para gastos personales (comidas fuera, entretenimiento, regalos, etc.). La idea implícita en darles a la esposa y al esposo una mesada estándar es permitirles a ambos más libertad para administrar sus propios fondos, y la responsabilidad de manejar un presupuesto personal. Esto es mucho mejor que pedirle dinero diariamente a quien esté a cargo de la chequera. Al poner en práctica este plan, ni el esposo ni la esposa pueden gastar más de lo que tienen presupuestado, a menos que ambos lo hablen y estén de acuerdo. Una vez que han gastado su mesada, se acabaron sus gastos por el resto del mes, a menos que tomen una decisión conjunta.

5. Pongan las cosas bajo control

Tarjetas de crédito. Como dijimos antes, los gastos de las tarjetas de crédito deben ser controlados o eliminados.

Visitas a los cajeros automáticos. Los cajeros automáticos son un invento maravilloso que nos permite tener más facilidades en nuestra vida diaria. Sin embargo, su conveniencia puede ser una trampa mortal para nosotros. Podemos desarrollar el peligroso hábito de pasar por el banco y retirar pequeñas cantidades de dinero para mantenernos cada día. Esto resulta en un gasto desorganizado e indisciplinado que agota nuestro presupuesto y quebranta nuestra organización. ¡No se permitan visitas no planificadas a los cajeros automáticos! (Francamente, algunas personas y parejas son tan indisciplinadas que ni siquiera deberían tener una tarjeta de cajero automático debido a la tentación de abusar de ella).

Mesadas. Establezcan una norma: que ambos recibirán su mesada en una fecha específica. (Déjenme decir esto otra vez: ¡no se permiten gastos fuera de presupuesto a menos que ambos lo aprueben!).

6. Cinco estrategias para atacar las deudas

Paguen primero las cuentas pequeñas. ¿Por qué? Primero, limpia su hoja de cuentas y hace que las cosas sean más sencillas. Segundo, es muy animante ver cuentas canceladas por completo. Tercero, el dinero que ya no está comprometido puede utilizarse para pagar otras cuentas.

He aquí como funciona: Tienen tres tarjetas de crédito, una cuenta con un saldo de $100, otra de $800 y otra de $1.500. Hagan el pago mínimo en las tarjetas de montos más grande y pongan más dinero para pagar lo más pequeño primero. Cuando ya esté totalmente cancelada, tomen el dinero mensual destinado a pagar esa tarjeta y súmenlo al monto que estaban pagando en la siguiente cantidad. Repitan el proceso hasta que todas las tarjetas se encuentren canceladas. Puede ser sabio que ataquen este problema de otra forma, particularmente si alguna de estas tarjetas tiene tasas de interés extremadamente altas; mas yo he encontrado que esto me ha ayudado (y ha ayudado a otros) a estar rápidamente al frente del presupuesto de una manera reanimadora.

Reduzcan sus gastos variables u opcionales. Si, después de calcular su presupuesto, se dan cuenta de que es demasiado estrecho o de que aún están en rojo, entonces tienen que reducir gastos. Esto puede ser eliminar la TV por cable, las suscripciones a los periódicos, el club u otro gasto no importante. Algunas cosas no tienen que eliminarse completamente sino sólo recortarse. Estas decisiones deben tomarlas el esposo y la esposa en conjunto.

Incrementen sus ingresos. Hay formas de tener más ingresos. Tal vez los niños mayores puedan trabajar medio tiempo o la esposa (si ya no se encuentra trabajando) pueda traer algún ingreso extra. Mi mayor preocupación aquí es que si las madres están lejos de los niños pequeños, tal vez, a largo plazo, no sea la mejor decisión para la familia desde el punto de vista espiritual. También, los gastos en guarderías pueden resultar en que el trabajo extra que está haciéndose sea en vano. Así que antes de elegir esta opción, ¡asegúrense de pedir consejo!

Consolidación del préstamo. Puede ayudar el agrupar varias cuentas pequeñas en una sola al hacer una consolidación de préstamos. Asegúrense de que la tasa de interés del nuevo préstamo esté a su favor.

Pasos radicales. Puede ser que tus gastos estén muy por encima de las expectativas reales de tu ingreso. Esto significa que tal vez tengas que vender tu automóvil, tu hogar, o mudarte a un apartamento con un alquiler más bajo. Debemos estar dispuestos a tomar estos pasos si así logramos ponernos a flote. En lugar de pedir prestado o comprometer nuestras relaciones con el Reino de Dios al tomar un trabajo extra, es mejor bajar un poco nuestro nivel de vida. Debemos estar dispuestos a hacer lo que tengamos que hacer para ser financieramente responsables. Debemos hacer este tipo de cambios sólo después de haberlo hablado con nuestra pareja y de haber pedido y escuchado consejos sabios y espirituales.

7. Pongan en orden su ofrenda
Ya hemos hablado de cómo el Reino de Dios tiene que estar primero en nuestra vida financiera. Un gran lugar para comenzar en nuestra ofrenda semanal es dando 10% de nuestro ingreso mensual. Si actualmente no puedes hacerlo, entonces haz lo mejor que puedas. Los principios implicados en el dar son el dar por convicción propia (2 Corintios 8:3-4) y el hacerlo con un corazón agradecido (2 Corintios 9:7). Los demás no pueden tomar la decisión por nosotros, pero pueden aconsejarnos. Deben tomar esta decisión ante Dios y sentirse resueltos con lo que han hecho. También les animo a que planifiquen con cuidado y que ahorren dinero regularmente para cualquier necesidad especial como ayudar a los necesitados, ayudar con el trabajo misionero u otras oportunidades financieras que puedan surgir en el Reino de Dios. Presten especial atención a los planes que tiene su congregación para que no estén desprevenidos cuando llegue la ofrenda especial.

8. Abran una cuenta de ahorros
Abran una cuenta de ahorros y hagan depósitos de forma constante. Como les dije anteriormente, les recomiendo un retiro automático (hecho por el banco) de su salario, y un depó-

sito automático (también hecho por el banco) de ese monto en su cuenta de ahorros. No importa que sea un monto pequeño, se sorprenderán y estarán complacidos cuando vean con qué rapidez crece. Y estarás feliz la próxima vez que haya un gasto inesperado y puedas cubrirlo con tus ahorros sin destruir tu flujo de efectivo.

9. Decidan quién manejará la chequera

Tal vez uno de los dos es mejor ajustando la chequera. En los primeros años de nuestro matrimonio yo desarrollaba el presupuesto y giraba los cheques yo mismo. Tenía la capacidad, pero me tomaba más tiempo resolverlo todo y a veces no planeaba bien. Ahora Geri maneja la chequera. Ella es una experta en mantener las cuentas al día y es especialmente buena en hacer crecer nuestros ahorros. Si en algún momento siento que las presiones financieras son muy pesadas para ella, nos sentamos, hablamos y nos aseguramos de que nuestro presupuesto sigue siendo realista. Siempre trabajamos juntos. La mitad de la pareja que no se encuentra involucrada en mantener la chequera es responsable de saber qué está pasando con las finanzas. Es un terrible error simplemente volcar toda la responsabilidad en uno solo de ustedes, porque es injusto para él o ella y abre las puertas para que el otro tenga malas actitudes.

10. Involucra a otros en tu vida financiera

Ya he expuesto las razones para dejar que otras personas nos ayuden en nuestras decisiones financieras. Háganlo regularmente. Si sienten presiones de dinero, dejen que sus amigos cristianos más cercanos lo sepan y pídanles consejo. Si necesitan asistencia de otros expertos, hay personas en el Reino de Dios que son muy espirituales y están entrenadas en gerencia financiera. Busquen quiénes son y pregúntenles si pueden ayudarlos. Pero recuerden, para algunas personas, este es su trabajo, y tal vez tengan que pagarles por sus servicios.

Empezamos diciendo que el dinero debería ser una bendición y no una maldición. Si desarrollan actitudes espirituales sobre sus finanzas y toman el consejo práctico dado en este capítulo, experimentarán la bendición de la solidez financiera y tendrán menos tentaciones para preocuparse. También ev.itarán tensiones en su matrimonio. No tomen atajos, trabajen juntos, pongan primero a Dios ¡y verán las bendiciones de Dios en todo lo que tienen!

♥ capítulo nueve acuerdo de paz

"En cambio, la sabiduría que desciende del cielo es ante todo pura, y además pacífica, bondadosa, dócil, llena de compasión y de buenos frutos, imparcial y sincera. En fin, el fruto de la justicia se siembra en paz para los que hacen la paz." (Santiago 3:17-18)

Un matrimonio armonioso y pacífico es una gran bendición de Dios. El estar profundamente enamorados y en paz el uno con el otro, significa que nos hallamos disfrutando de los prometidos beneficios de nuestra unión. La paz en el matrimonio no es sólo para unos pocos elegidos, es lo que Dios quiere que todos disfrutemos. Es algo que debemos buscar, atesorar y en lo que debemos trabajar. Es algo que debemos esperar y no debemos darnos por satisfechos hasta que lo consigamos.

Por otra parte, necesitamos reconocer que es inevitable que haya conflictos en el matrimonio. De hecho, las Escrituras nos enseñan que el conflicto puede traer un beneficio mayor. Las diferencias con nuestra esposa o esposo pueden hacer que nos examinemos a nosotros mismos y profundicemos en nuestra relación: *"El hierro se afila con el hierro, y el hombre con otro hombre"* (Proverbios 27:17). Después de pasar un difícil período de conflicto, es posible que las parejas creen un lazo mucho más fuerte.

Pero ninguno de nosotros quiere un matrimonio que se halle en conflicto perenne. El conflicto debe ser un hecho ocasional y no un patrón consistente. Los constantes pleitos, discusiones y peleas pueden arruinar lo que debería ser la felicidad y la alegría de la amistad: *"Más vale comer pan duro donde hay concordia que hacer banquete donde hay discordia"* (Proverbios 17:1). Dios no tiene la intención de que el matrimonio consista en una situación de tensión muy larga. Los desacuerdos continuos pueden, en definitiva, destruir el matrimonio, y también destruirán la felicidad de nuestros hijos.

En este capítulo buscamos explicar, primero, las causas de conflicto para que podamos entenderlo y evitarlo. Y segundo, hablaremos de la cura para el conflicto; cómo podemos recuperarnos de las diferencias inevitables que surgirán entre nosotros.

Causas de conflicto

La actitud orgullosa

"El orgullo sólo genera contiendas, pero la sabiduría está con quienes oyen consejos" (Proverbios 13:19). Estoy convencido de que un gran número de peleas y conflictos tienen su origen en nuestro orgullo. La mayoría de nosotros cree tener la razón la mayor parte del tiempo. Creemos que somos más inteligentes, más sabios(as) y que sabemos más que nuestras(os) esposas(os). Imponemos nuestras ideas y opiniones. Cuando ellas(os) tienen otra opinión, nos sentimos ofendidos(as). Nos defendemos. Discutimos. La Biblia presenta un reto muy específico en cuanto al orgullo: *"Revístanse todos de humildad en su trato mutuo, porque 'Dios se opone a los orgullosos, pero da gracia a los humildes'"* (1 Pedro 5:5). Cuando nos revestimos de orgullo y arrogancia, los conflictos y los pleitos son inevitables. Si, por otra parte, nos damos cuenta de que no lo sabemos todo y de que nuestras(os) esposas(os) pueden tener la razón, nos encontraremos viviendo en mayor armonía.

El espíritu crítico

La actitud de crítica está estrechamente asociada con el orgullo. Se cuela en nuestro matrimonio sin que la veamos. Con el transcurso de las semanas, los meses y los años nos volvemos críticos el uno del otro. Comenzamos a cizañarnos uno al otro y nos enfocamos en las fallas del otro. Nuestras palabras y tono de voz se vuelven cada vez más negativos. *"Despide*

*al insolente, y se irá la discordia y cesarán los pleitos y
los insultos"* (Proverbios 22:10). Los pleitos y los insultos
provienen de tener una actitud burlona o crítica. Necesitamos
examinar nuestra mente, nuestro corazón y nuestras palabras
para exponer este hábito mortal y pecaminoso.

Tanto los esposos como las esposas pueden ser culpables de
tener un espíritu crítico. He visto a muchos hombres utilizar su posición de liderazgo en el matrimonio como una excusa para regañar y degradar a sus esposas. Una mujer casada
con un hombre como este se encuentra abatida, aplastada y
deprimida. Pero también he visto mujeres que encajan perfectamente con las palabras de la siguiente escritura:

> "Gotera constante en un día lluvioso
> es la mujer que siempre pelea.
> Quien la domine, podrá dominar el viento
> y retener aceite en la mano."
> (Proverbios 27:15-16)

Algunas mujeres razonan de esta forma: "Mi esposo sólo escucha 10% de lo que estoy diciendo, así es que esto es lo que
haré: aumentaré 10 veces lo que digo y así él escuchará 100%
de lo que quiero que oiga". Esto puede sonar perfectamente
lógico, pero ¡sólo alejará más al esposo!

Tanto los esposos como las esposas deben hacer todo el
esfuerzo posible para deshacerse del espíritu de crítica y
queja, recordando que, como dice 1 Corintios 13:5, *"(el amor)
no guarda rencor"*. Busca las cualidades buenas de tu espo-
sa(o) y enfócate en ellas, no en las malas cualidades.
Filipenses 4:8 lo dice muy bien:

> "Por último, hermanos, consideren bien todo lo verdadero, todo lo
> respetable, todo lo justo, todo lo puro, todo lo amable, todo lo digno
> de admiración, en fin, todo lo que sea excelente o merezca elogio."
> (Filipenses 4:5)

La posición defensiva

"Al que le gusta pecar, le gusta pelear; el que abre mucho la boca, busca que se la rompan" (Proverbios 17:19). Algunos de nosotros reaccionamos como si siempre estuviéramos "buscando" pelea. No importa lo que se diga, tomamos el punto de vista opuesto. No estamos abiertos a escuchar otras ideas. En el momento en que nuestras(os) esposas(os) comienzan a expresarse, las(os) atacamos con opiniones absolutas y contradictorias que acaban cualquier discusión posterior. *"Es necio y vergonzoso responder antes de escuchar"* (Proverbios 18:13).

Mientras mayor es nuestra defensiva, más antagonismo provocamos, más comunicaciones cerramos y más discusiones provocamos. Necesitamos derrumbar nuestro gran "muro" de la defensiva y sustituirlo con la puerta abierta de la receptividad.

Palabras provocativas

"La respuesta amable calma el enojo, pero la agresiva echa leña al fuego" (Proverbios 15:1). Las palabras que utilizamos determinan el tono de nuestra relación. Si quieres encender una discusión entonces utiliza algunos adjetivos escogidos, como "estúpida(o)", "necio(a)" o "idiota", o trata algo como "Tú nunca..." o "Tú siempre...". Estas frases peyorativas y extremas provocan una resistencia y rabia inmediatas. Pueden ser la chispa para que una situación volátil explote. Necesitamos recordar que *"El charlatán hiere con la lengua como con una espada, pero la lengua del sabio brinda alivio"* (Proverbios 12:18). También tenemos que recordar que cuando estamos molestos, necesitamos controlar nuestras emociones y evitar palabras necias. *"El necio da rienda suelta a su ira, pero el sabio sabe dominarla"* (Proverbios 29:11).

Al ver mi vida antes y al repasar las veces que he perdido los estribos, no puedo recordar que algo bueno haya resultado de todo eso. Recuerdo bien, sin embargo, el daño y las heridas que mis palabras de enojo han dejado en mis relaciones más cercanas. Y recuerdo las ocasiones en que mis palabras negligentes han herido a la mujer que más amo sobre todas las cosas en la tierra. Tomemos la decisión de no permitir que las palabras cargadas de enojo ni el extremismo se conviertan en parte de ninguna conversación con nuestras esposas.

Situaciones y sentimientos no resueltos

"Por lo tanto, dejando la mentira, hable cada uno a su prójimo con la verdad, porque todos somos miembros de un mismo cuerpo. 'Si se enojan, no pequen'. No dejen que el sol se ponga estando aún enojados, ni den cabida al diablo". (Efesios 4:25-27)

Como dijimos antes, hasta en los mejores matrimonios se presentarán diferencias y conflictos. Incluso por una simple divergencia de opinión debemos hablar abiertamente y airear nuestros pensamientos hasta que lleguemos a un acuerdo. Si hemos herido los sentimientos de otras personas, es necesario hablarlo abiertamente y resolverlo.

La escritura anterior dice que nos hablemos con la verdad. Está bien y es correcto el que podamos dejar que nuestras opiniones salgan, o resolver nuestros sentimientos sin discusiones. Pero si esa opinión o sentimiento persiste, y nos está molestando, simplemente debemos dejarla salir y hablar de ello con nuestra pareja. No hacerlo es deshonesto y da pie para que las actitudes y los resentimientos nos carcoman por dentro.

Es mejor resolver los conflictos y los sentimientos heridos el mismo día que se generan. Eso es lo que quiere decir el no permitir que el sol se ponga estando enojados. Algunas de las situaciones más trágicas que he visto en mi experiencia como consejero se han producido porque los esposos y las esposas han ocultado sus sentimientos heridos durante días, semanas, meses y hasta años. No pueden permitir que el querer mantener una paz ficticia les impida buscar la verdadera armonía. Es mejor tener una discusión difícil que rumiar la amargura. Créanme, eventualmente estos sentimientos saldrán bajo presión, ¡y no va a ser algo agradable a la vista!

Cura para el conflicto

"Más resiste el hermano ofendido
que una ciudad amurallada;
Los litigios son como cerrojos
de ciudadela."
(Proverbios 18:19)

Para que el conflicto sea resuelto y curado, debe ventilarse. No hay otra forma de hacerlo. Esto significa que en cualquier matrimonio, ambas partes deben estar de acuerdo en que si la otra persona quiere hablar, cooperarán. No puede ser que una parte de la pareja se cierre, se retire, se enconche y se rehúse a hablar. Este tipo de comportamiento es necio, egoísta y destructivo. También es injusto. Si su negativa a hablar es por miedo o por rabia, o es una treta de manipulación, deben darse cuenta de que esto llevará a un desastre final.

Habiendo dicho esto, por favor noten que estas discusiones deben llevarse a cabo en el momento y lugar adecuados. A veces nuestro tiempo es muy poco sabio. Nos involucramos en una intensa discusión justo antes de salir del auto para reunirnos a cenar con nuestros amigos, tenemos una conversación pesada justo antes de que alguno de nosotros salga a trabajar, o discutimos frente a otras personas. Y lo peor de todo, peleamos dentro del alcance auditivo de nuestros hijos. Seamos lo suficientemente maduros para tener la discusión en el momento oportuno; esto puede concertarse de antemano. Traten algo así como, "Es evidente que tenemos mucho de que hablar y necesitamos un lugar y una hora para hacerlo. ¿Cuándo es el mejor momento para ti dentro de los próximos días?". La mayoría de los esposos(as) honrará esta manera de afrontar la situación. Y cuando funcionamos de esta forma, estamos ya muy avanzados en el proceso para resolver rápidamente el conflicto en nuestro matrimonio.

Una vez dicho esto, ¿cuáles son las curas específicas para el conflicto?

Busquen la verdad

Estén más preocupados por qué está bien que por quién tiene la razón. En los albores de cualquier desacuerdo, respira hondo y pregúntate ¿cuál es la verdad? Por muy difícil que sea, olvídense de su posición y de su orgullo. Dense cuenta de que la verdad es la verdad sin importar quién la cree o cuán fuerte discutimos en su contra. Esto me hace recordar las palabras de Pablo en 2 Corintios 13:8: *"Pues nada podemos hacer contra de la verdad, sino a favor de la verdad"*. Es de necios seguir discutiendo por una posición que es parcialmente incorrecta. Sean lo suficientemente maduros como para sacar la cabeza fuera del humo y del fuego y ver los hechos de la situación, y admitir la verdad ustedes mismos y su pareja.

Pidan perdón

Pidan perdón por cualquier cosa que hayan dicho o hecho que esté mal. *"¿Quién puede afirmar:'Tengo puro el corazón; estoy limpio de pecado'?"* (Proverbios 20:9). En la mayoría de las situaciones de conflicto, por lo general hay errores en ambas partes. Al final, sólo eres responsable por lo que has hecho mal, y sólo puedes cambiar a una persona en el mundo: a ti mismo(a). Así que, en lugar de tratar de cambiar a tu esposa(o), decide cambiar tú mismo(a) primero. No te preocupes por quién tiene los errores más grandes o más pequeños, asume la responsabilidad por tus errores y admítelo abiertamente. Sigue este sencillo procedimiento:

1. Sé el primero(a) en pedir perdón. No esperes a que tu esposa(o) llegue arrastrándose hasta ti. Por el contrario, lidia tú mismo(a) con el problema ante Dios. Luego ve a tu pareja y admite lo que ya le has confesado a Dios.

2. Pide perdón sin minimizar y sin excusas. Podemos ofrecer algunas disculpas bien superficiales que, en verdad, parecen acusaciones. "Si acaso te he ofendido, lo lamento", o "Perdóname por haber reaccionado a tu terrible explosión de carácter con un poco de impaciencia". Este tipo de frases no son disculpas reales ni expresiones de arrepentimiento, sino

herramientas de manipulación. Si aprendemos a tener una convicción profunda por los errores que cometemos ante Dios, podemos pedirle perdón a nuestra(o) esposa(o) sin excusas ni minimizaciones.

3. Discúlpate honestamente. No asumas la culpa rápidamente por miedo o por querer buscar una paz ficticia. Si te equivocaste, dilo. Si no lo hiciste, no actúes como si lo hubieras hecho.

4. Pide perdón. Expresa con claridad las palabras "Por favor, ¿podrías perdonarme?", y dilas a tu esposa(o). Muchas veces actuamos con demasiado orgullo para de hecho hacer esta pregunta tan importante.

Encuentren un punto en común

Busquen puntos en los que están de acuerdo. A veces nos enfocamos tanto en nuestras diferencias que no nos damos cuenta de que, en realidad, tenemos muchos aspectos en los que estamos de acuerdo. Trabajen desde sus puntos de unidad hacia sus áreas de diferencia, en lugar de hacerlo de la otra forma, y tendrán más éxito en encontrar juntos una solución.

Afinen el enfoque

Debemos aclarar en qué no estamos de acuerdo exactamente. A veces los puntos se nublan, los hechos se desvanecen en la oscuridad y las emociones se mantienen en suspenso. *"Los pensamientos humanos son aguas profundas; el que es inteligente los capta fácilmente"* (Proverbios 20:5). Si se toman el tiempo para escuchar con paciencia y atención el punto de vista de uno y otro, podrán entender qué, específicamente, es lo que les está molestando. Trabajen juntos en una solución.

No traer a colación otros asuntos

Podemos empeorar las cosas trayendo a colación otros temas en medio del conflicto. Es mejor atacar un tema a la vez y llevarlo hasta la conclusión. Si resucitamos desacuerdos del pasado, no vamos a lograr ningún progreso. También, si ocultamos lo que realmente sentimos enfocándonos en otro tema, no resolveremos el conflicto y desperdiciaremos mucha energía.

Perdonen completamente

"...de modo que se toleren unos a otros y se perdonen si alguno tiene queja contra otro. Así como el Señor los perdonó, perdonen también ustedes" (Colosenses 3:13). La Biblia habla de manera muy tajante en cuanto a la necesidad de perdonar completamente. Con el correr de los años, más convencido estoy de que perdonar a otros es uno de los retos más difíciles que debemos enfrentar. A veces queremos que la otra persona entienda completamente cuánto nos ha herido antes de que la perdonemos. Esto no está bien y sencillamente no funciona. Otros no pueden entender todo lo que sentimos porque no comprenden todo lo que Dios sintió cuando renunció a Jesús en la cruz para pagar por nuestros pecados. Muchos de nosotros hemos mantenido vivos por mucho tiempo los errores y faltas de nuestras parejas; es tiempo de perdonarlas(os) completamente, tal y como nos lo han pedido. Y siempre debemos recordar que perdonar es lo correcto aunque no lo hayan pedido (Lucas 23:34). Necesitamos decir las palabras "Te perdono" y liberarlas(os) de la atadura de nuestra falta de perdón.

Trabajen durante en el proceso de curación

Si se han herido sentimientos en lo profundo, puede que se tome algún tiempo para que las heridas sanen del todo. Pero la presencia de una herida o dificultad continua no necesariamente significa que no haya habido perdón. Simplemente puede significar que hace falta dedicar un tiempo para suturar las heridas.

Si han herido a su pareja, tienen que entender que sanar esa herida es un proceso. Pueden ayudar asegurándole que están arrepentidos(as) incluso después de que haya terminado la discusión. Más tarde, ese mismo día, o al día siguiente, necesitas de nuevo decir "Quiero que sepas que lo lamento y que voy a hacer todo lo que esté a mi alcance para que eso no vuelva a suceder". Asegúrale constantemente tu amor, devoción y afecto después de momentos de reconciliación. Todas estas palabras especiales y una mayor atención le permitirán a tu pareja salir del dolor y entrar en la etapa de curación.

¡Consigan ayuda!

"El que atiende a la crítica edificante habitará entre sabios" (Proverbios 15:31). Hay veces que, a pesar de nuestros mejores esfuerzos, no podemos resolver nuestros conflictos por nuestra propia cuenta. Necesitamos ayuda de afuera. Es entonces cuando debemos pedir apoyo a amigos cristianos responsables o a líderes de la iglesia con experiencia. Pablo hace esta sugerencia en Filipenses 4:2-3 cuando les pide a dos mujeres que están discutiendo que se pongan de acuerdo y luego le pide a uno de sus colaboradores que las ayude a encontrar la paz. No es una vergüenza el que a veces necesitemos la ayuda de amigos maduros para resolver conflictos. Algunos somos demasiado orgullosos para admitir nuestra necesidad. Queremos dejar nuestros problemas para nosotros mismos. Ciertamente, primero debemos hacer el esfuerzo de resolver las cosas solos; pero llega un momento en que debemos buscar ayuda. El objetivo de este tipo de mediación es llevarnos al punto donde no sólo resolveremos este conflicto, sino que aprenderemos cómo solucionar mejor cualquier desacuerdo que pueda surgir en el futuro.

La unidad en el matrimonio es una cosa preciosa. Es nuestra convicción que los principios presentados en este capítulo les ayudarán a aprender cómo tener un matrimonio con más paz, y también cómo restaurar esa paz rápida y efectivamente cuando se haya perdido.

capítulo diez para siempre...

"Por tanto, lo que Dios ha unido, que no lo separe el hombre."
(Mateo 19:6)

Consideren estas dos preguntas vitales: Primero, ¿llegará su matrimonio hasta el final? Segundo, ¿llegarán al final siendo mejores personas y con un matrimonio mejor del que tenían cuando comenzaron?

Las estadísticas están llenas de matrimonios que empezaron con grandes expectativas y terminaron en desastre. Desde los matrimonios principescos de los cuentos de hadas hasta los matrimonios "glamorosos" de Hollywood y los vecinos de al lado, cada vez son más las parejas que no llegan al final.

Dios quiere que los matrimonios duren toda la vida. La meta que tiene para nosotros es llegar al final en mejor estado del que teníamos al comenzar; así es que esta también debería ser nuestra meta. Forjar una relación que llegue al final con alegría y gozo será uno de los grandes logros en la vida, y va a requerir lo mejor que tengamos para dar.

¿Cómo podemos hacer para construir un matrimonio que dure para siempre?

Hagan de su matrimonio la prioridad número uno

Continuamente deben poner su matrimonio en la posición de prioridad crucial. Durante todo este libro hemos dicho que tu relación con tu esposa(o) es el lazo humano más importante que tienes. Las relaciones son dinámicas; ellas no se quedan donde están si no hay una rededicación y renovación continuas. Si nos comprometemos a construir una relación y luego nos retractamos, la relación muere. Los matrimonios para siempre no suceden por accidente. Duran porque ambas partes lo tienen como primera prioridad en su corazón. Muchos matrimonios mueren porque dan por sentado la relación. Esposos y esposas asumen que el amor y la dedicación que se invirtieron en el pasado son suficientes para llevarlos hasta el final. ¡No es así! El compromiso entre ambos debe renovarse continuamente, así como se renueva el compromiso con Jesús cuando tomamos nuestra cruz diariamente (Lucas 9:23).

La renovación implica hacer esas cosas que alimentan la relación y le aseguran a tu esposa(o) que la(o) amas. Significa un compromiso continuo con la comunicación. Significa no permitir que otras actividades o personas desplacen a tu esposa(o) del lugar que tiene como tu primer amor. Significa dedicarte a una amistad íntima y privada diariamente, y significa cultivar tu relación pasando tiempo juntos y a solas. Harán falta estos y muchos otros esfuerzos para mantener el fuego ardiendo.

En el libro del Apocalipsis, Jesús reprende a la Iglesia en Éfeso por perder su primer amor (Apocalipsis 2:4). ¿Has perdido tu primer amor por tu esposa? ¿Has perdido la excitación, el gozo y la maravilla de los primeros días? ¿Dónde están la anticipación y el misterio que tuvieron el día de su boda? ¿Su corazón late con más fuerza cuando sus miradas se cruzan donde quiera que estén? ¿Todavía se dan esas miradas que sólo ustedes conocen y que dicen "estoy pendiente de ti"? Algunas personas ven como algo inevitable la pérdida de estos sentimientos con los años. Lo llaman "madurez". Jesús lo llama la pérdida del primer amor. ¿Su solución? Les llamó a recordar desde qué altura habían caído. Les pidió que se arrepintieran (cambiaran su actitud) y que hicieran las cosas que hacían al principio. Los retó a escuchar, a tomarlo en serio y a hacer lo que fuera para recuperar sus sentimientos originales (Apoca-lipsis 2:5-7). En resumen, habían perdido su primer amor porque habían dejado de poner a Jesús como la máxima prioridad en sus vidas. Si tu matrimonio va a durar para toda la vida, debes hacer lo que sea necesario para que resulte en la relación humana más importante de tu existencia.

Acérquense más en las pruebas

"Hay amigos que llevan a la ruina,
y hay amigos más fieles que un hermano."
(Proverbios 18:24)

Acérquense más a medida que enfrenten las pruebas de la vida. Estos retos, o los separarán o los unirán. Las pruebas que vendrán son inevitables, y vendrán de muchas formas: la pérdida de un empleo, dificultades financieras, problemas con los familiares, embarazos, nacimientos, crianza de los niños, dificultades sexuales, diferencias de opinión, enfermedades, la muerte de seres queridos, etc. La forma como respondan a las pruebas determinará si su matrimonio muere o florece.

Dios permite las pruebas en nuestra vida para que desarrollemos carácter y dependamos más de Él (*vean* Romanos 5:3-4 y Santiago 1:2-4). También están presentes para que nos acerquemos más a nuestros cónyuges y a otras personas.

"Más valen dos que uno,
porque obtienen más fruto de su esfuerzo.
Si caen, el uno levanta al otro.
Ay del que cae
y no tiene quién lo levante!
Si dos se acuestan juntos,
entrarán en calor;
uno solo, ¿cómo va a calentarse?
Uno solo puede ser vencido,
pero dos pueden resistir.
¡La cuerda de tres hilos
no se rompe fácilmente!"
(Eclesiastés 4:9-12)

Cuando pasamos por dificultades, específicamente sentimos la necesidad de estar con amigos, ¿y qué amiga(o) más cercana(o) tenemos fuera de nuestra(o) esposa(o)? Las pruebas deberían acercarlos en la relación marital. Si las pruebas hacen que te alejes de tu esposa(o), entonces, de alguna manera, respondiste de forma incorrecta.

Geri y yo estábamos profundamente enamorados en los primeros años de nuestro matrimonio, pero ahora nos amamos más y estamos más unidos que nunca. ¿Por qué pasa esto? En parte se debe al transcurrir del tiempo y a nuestro crecimiento espiritual, pero la razón más importante es porque hemos pasado por muchas cosas juntos. Nuestro amor se ha visto condimentado con el estar juntos, el uno al lado del otro, en los momentos difíciles y en las pruebas. Hemos soportado juntos la muerte de seres queridos, dificultades financieras, las enfermedades de nuestros hijos, persecuciones por nuestra fe, y dificultades con amigos y con la familia. Nos hemos visto en nuestros peores y en nuestros mejores momentos. Esto ha hecho que haya una mayor compasión en nuestros corazones y que nos apreciemos más el uno al otro. Además, cada uno de nosotros ha contribuido a la felicidad, fortaleza y desarrollo de carácter durante estas pruebas. Sabemos que hubo momentos cuando no habríamos podido seguir el uno sin el otro, y nos amamos más por eso.

El tapiz de nuestro matrimonio tendrá tejidos hilos de muchos colores; colores brillantes para los días de felicidad y colores oscuros para los días de pruebas. Dios teje todos los hilos en un hermoso diseño que es la historia de nuestra vida. Mientras más tiempo estemos juntos, más podremos recordar, más veremos el plan de Dios, y sentiremos una profunda gratitud por haber permanecido unidos a través de todos esos momentos.

Profundicen espiritualmente

"Uno solo puede ser vencido, pero dos pueden resistir.
¡La cuerda de tres hilos no se rompe fácilmente!" (Eclesiastés 4:12).

Aplicado al matrimonio, dos hilos representan al esposo y a la esposa y el tercero es la relación común que tienen con Dios. Dios y su amor son el lazo que mantiene unido el matrimonio y que provee un amor más profundo con el pasar de los años. Pablo les pidió a los filipenses que se unieran por amor a Jesucristo (Filipenses 2:1-4), y en Colosenses 1:17 dijo que "... por medio de él [Cristo] forman un todo coherente". Es en Cristo que el matrimonio se mantiene unido y permanece fuerte. El poder de nuestro propio amor no es suficiente porque las debilidades y el egoísmo lo erosionan, pero el amor de Dios nunca falla.

Es imperativo que, a medida que el tiempo pase, sigamos creciendo en nuestro caminar individual con Dios. En las Escrituras se llama repetidamente a los discípulos a que crezcan en su madurez (Filipenses 3:12-16; 2 Corintios 3:18; 1 Tesalonicenses 4:9-10; Hebreos 6:1-2; 2 Pedro 3:18). Si personalmente nos acercamos más a Dios, nos acercaremos más el uno al otro. Las parejas que permiten que su fe disminuya y que su amor por Dios se desvanezca con el tiempo, terminan perdiendo el amor que sienten el uno por el otro. Las parejas que juntas crecen con fortaleza en su fe y que permanecen firmes en su compromiso con Dios tienen un amor entre ellos cada vez más profundo. En la medida en que vemos a Dios contestar nuestras oraciones, aumenta nuestra gratitud. En la medida en que nos volvemos a Dios cuando le hemos fallado y nos hemos fallado el uno al otro, nuestra humildad aumenta y nuestro amor se renueva. En la medida en que vemos descansar las bendiciones de Dios en la crianza de nuestros hijos, para que sigan a Jesús, nuestra sensación de haber logrado algo no tiene comparación. Todo esto nos une con lazos irrompibles.

Cultiven amistades de calidad

"El perfume y el incienso alegran el corazón;
la dulzura de la amistad fortalece el ánimo."
(Proverbios 27:9)

Las parejas estables con matrimonios fuertes necesitan amigos. Necesitamos de otros matrimonios para animarnos, para que nos orienten y para que sean compañeros fieles. No podemos llegar hasta el final dependiendo solamente de nosotros. Habrá momentos en que, como pareja, tendrán diferencias entre ustedes que los amigos pueden ayudar a resolver. También habrá ocasiones en las que ambos estarán débiles espiritualmente y necesitarán de la ayuda de otros amigos para salir adelante. Anoten cuidadosamente: necesitamos amigos de calidad. Con esto me refiero a personas que nos digan lo que necesitamos oír y no lo que queremos oír. *"Más confiable es el amigo que hiere que el enemigo que besa"* (Proverbios 27:6). Los amigos verdaderos nos aman lo suficiente como para decirnos la verdad aunque ésta nos haga sentir mal o nos moleste. Muchas personas tienen amigos que les dan palmadas en la espalda y los animan, pero no van más allá. Por lo tanto, debemos cultivar amistades con personas que sean fuertes, que digan lo que piensan y que piensen como Cristo (1 Corintios 2:16).

Nuestros amigos deben estar involucrados en nuestra vida real. Esto significa que los dejamos entrar en nuestra vida en un nivel profundo y no superficial. Estoy seguro de que conocen parejas que están felices de tenerlos como amigos hasta que comienzan a escarbar más allá de la superficie. Por ejemplo, si están disgustados entre ellos y ustedes tratan de hablarles al respecto, van a cerrar las puertas. Tontamente se defienden el uno al otro. Estas personas no quieren amigos genuinos, sólo quieren compañía. Ellos quieren divertirse y pasar buenos momentos juntos; pero cuando la conversación comienza a ser profunda, se retiran. Estas parejas son incapaces de mantener relaciones duraderas con otros matrimonios, y terminarán con problemas maritales y espirituales porque no quieren escuchar a las personas que más se preocupan por ellos.

Déjenme hacerles algunas preguntas importantes: ¿A cuántas otras parejas de casados han dejado entrar en su vida real? ¿Cuántos otros de sus amigos casados los conocen a ustedes verdaderamente? ¿Con cuántas parejas han tenido intercambios de palabras fuertes, confrontaciones difíciles, sentimientos de rabia y conversaciones con lágrimas, y han seguido siendo amigos? Si se han apartado de las personas después de este tipo de conversaciones, entonces se han alejado de uno de los valores más importantes que los habría ayudado a tener un matrimonio duradero: amigos maduros y de calidad. Permítanme hacerles más preguntas: Si ustedes tienen este tipo de relaciones, ¿cuántas tienen? ¿Algunas de estas personas viven cerca de ustedes? ¿Están involucradas en su vida de manera consistente? Pueden creer que tienen este nivel de amistad, pero las otras parejas que ustedes están considerando tal vez no piensen lo mismo sobre ustedes. Deberían preguntarles si se sienten libres de hablar de temas delicados con ustedes. Si dudan, entonces tienen que aclararles que ustedes quieren que ellos formen parte real de su vida.

Recuerdo una pareja con la que, por más de cinco años, Geri y yo trabajamos para estar cercanos a ellos. Les abrimos nuestro corazón y les revelamos nuestras debilidades y nuestras luchas. Tratamos de ganarnos su confianza siendo transparentes, pero ellos no respondieron de igual forma. A veces sacaban a la luz que no eran felices el uno con el otro ni con su matrimonio, pero estas aceptaciones siempre las hacían con ciertas reservas. Finalmente, el esposo se abrió conmigo y me dijo cuán preocupado estaba por los problemas en la vida de su esposa. Durante años había tratado de hablar con ella sobre estos problemas pero no había tenido éxito. Acordamos que juntos hablaríamos con ella.

Llegó el día de nuestra planeada conversación y comenzamos a hablar. Se molestó por algunos de los temas que saqué a colación. Él me miró con una expresión de espanto, actuó sorprendido, rápidamente se retractó y salió en defensa de su esposa. La sesión terminó en desastre. Al principio, no pude creer lo que había pasado. Sin embargo, después de reflexionar en lo que había sucedido, me di cuenta de que eso era lo que ambos siempre habían hecho. Se criticaban el uno al otro y en el momento en que Geri y yo tratábamos de ayudar, se retractaban; especialmente cuando tenían que discutir frente a nosotros. Hace poco, después de algunos años de ausencia, me encontré de nuevo con este hombre. Era evidente que las cosas en su matrimonio seguían siendo iguales, que prácticamente estaban viviendo vidas separadas. No resultaba difícil ver que él todavía era infeliz con ella y ella con él. Me dio tristeza, pero me di cuenta de que habíamos hecho todo lo que podíamos y que ellos habían tomado su decisión, no sólo con nosotros, sino con muchos otros que desde hacía tiempo habían querido tener una amistad con ellos.

¡No dejen que esta triste historia se convierta en su historia! Cultiven relaciones con personas espirituales, personas de carácter, y déjenles entrar en su vida.

Pónganse en paz con su pasado y con sus debilidades

"Por tanto, también nosotros, que estamos rodeados de una multitud tan grande de testigos, despojémonos del lastre que nos estorba, en especial del pecado que nos asedia, y corramos con perseverancia la carrera que tenemos por delante." (Hebreos 12:1)

Nuestro pasado puede ser nuestro presente. Los problemas de nuestra infancia y crianza que no hemos reconocido o resuelto pueden destruir nuestro matrimonio. Temas como el abuso físico y sexual, el alcoholismo, experiencias difíciles o traumáticas y otras por el estilo, si quedan sin atención en nuestro corazón pueden destruir nuestra habilidad para confiar en nuestra pareja y para estar cercanos(as) a ella. Combate los problemas hablándolos con consejeros cristianos expertos. Háblalos con tu esposa(o). No dejen que su pasado destruya su futuro.

Los eventos sin resolver en la historia del matrimonio también pueden tener una influencia corrosiva y destructiva en el matrimonio. ¿De qué estoy hablando? Déjenme mencionar algunos ejemplos: indiscreción sexual prematrimonial del uno con el otro, discusiones sin resolver y palabras hirientes, diferencias sobre las familias políticas, desacuerdos en cuanto a cómo criar a los hijos, problemas financieros, conflictos sexuales. Todo tipo de cosas, incluso si pasaron hace muchos años atrás, pueden vivir en nuestro corazón para entorpecer, hacer pesado y destruir el amor que nos tenemos. Simplemente debemos ventilar estas cosas, lidiar con ellas, resolverlas y olvidarlas para siempre.

Todos nosotros tenemos debilidades personales. Es nuestra esperanza que, como discípulos de Jesús, las reconozcamos y luchemos para superarlas. Si no sabes cuáles son, tu esposa(o) lo sabe. ¡Créeme! Algunos de nosotros estamos inconscientes de nuestras debilidades o las subestimamos. La triste verdad es que nuestra esposa(o) debe vivir con nuestro verdadero "yo" y con nuestros verdaderos problemas; ¡incluso con los que pretendemos que no tenemos!

Debemos ponernos en paz con el pecado que nos acosa y depender a diario de Dios para que nos ayude a superarlo. La gran falta de Saulo, el fariseo, fue su orgullo y su actitud religiosa. Él se quebrantó profundamente y se convenció de su pecado cuando se hizo un discípulo y, sin embargo, sabemos que siendo Pablo, el apóstol, aún luchó con su orgullo muchos años después (2 Corintios 12:7-10).

El apóstol Pedro comprometió sus convicciones al negar a Jesús en el patio del Sumo Sacerdote. Cometió un error parecido años más tarde, cuando ya era un discípulo maduro y con experiencia, cuando se retractó bajo presión y no impartió el mensaje a los gentiles en Galacia (Gálatas 2:11-14).

Si hombres de esta altura espiritual tenían debilidades en su carácter, ¡nosotros también! Debemos ser profundamente humildes y depender continuamente de Dios para vencerlas. Una pareja que no enfrenta sus debilidades de carácter hiere la felicidad a largo plazo de su matrimonio. Sencillamente, no hay forma de tener un matrimonio armonioso cuando uno (o ambos) tiene debilidades que no enfrenta ni cambia. Necesitamos hacernos a nosotros mismos, y a nuestras esposas(os), esta pregunta: "¿Hay algo en mi vida que necesito enfrentar, con lo que me estoy rehusando a lidiar, o con lo que estoy luchando sin ganas?". No importa cuán difícil sea escuchar la respuesta, escúchenla. Mantener nuestro orgullo no vale el precio de conflictos y tensiones continuas en nuestro matrimonio.

Alimenten las llamas

"Ah, si me besaras con los besos de tu boca...
¡grato en verdad es tu amor, más que el vino!"
(Cantar de los cantares, 1:2)

Ya que el amor romántico es como el vino, ¡debería ponerse mejor con el tiempo! Una gran vida sexual continua es una de la claves para que el matrimonio prospere con los años.

Una de las razones por las que tememos a envejecer es el miedo de perder nuestro atractivo físico y nuestros poderes sexuales. ¿Quién dice que el sexo, la sexualidad y la excitación sexual tienen que disminuir con la edad? ¿Quién lo decretó y dónde? Esto puede ser verdad para algunos, pero no para todos. La frecuencia sexual puede disminuir en la medida en que envejecemos (para algunos, ¡esto será un alivio!), pero eso no significa un menor deseo, disfrute o intensidad.

El sexo y el romance deberían hacerse más intensos a medida que envejecemos. ¿Por qué? Por la creciente cercanía. Mientras nuestra amistad mejora, el sexo se pone mejor. Mientras más tiempo pasa junta una pareja, más se aman y más entienden cómo darse placer el uno al otro. Ninguno de nosotros debe perder el disfrute del sexo mientras envejece. Por el contrario, debemos trabajar para cultivar un mayor e intenso disfrute y placer a medida que pasen los años.

Pueden haber algunos matrimonios en los que la experiencia sexual disminuya realmente. Esto es posible debido a enfermedades o incapacidad. Si esto sucede, entonces la lealtad que nos tenemos hará que encontremos otras formas de estar cerca, aunque nuestra vida sexual cambie o disminuya. Pero lo que debe permanecer es un compromiso profundo entre nosotros y una continua sensación de romance en nuestro matrimonio, aun con la ausencia física del sexo. Las parejas que pasan por una pérdida temporal o permanente de su habilidad para hacer el amor de la forma habitual, deben mantener la profunda atracción y compromiso que tienen el uno con el otro. Y el que tu pareja esté incapacitada físicamente para actuar como lo hacía antes, no es una excusa para dejarla o perder el amor que sientes por ella.

Encuentren y utilicen sus talentos

"Por la gracia que se me ha dado, les digo a todos ustedes:
Nadie tenga un concepto de sí más alto que el que debe tener,
sino más bien piense de sí mismo con moderación, según la medida
de fe que Dios le haya dado (...) Tenemos dones diferentes,
según la gracia que se nos ha dado". (Romanos 12:3, 6)

Dios nos ha bendecido a cada uno de nosotros con talentos únicos, y Él nos da la oportunidad y el reto de utilizarlos para su gloria. Es vital que todos tengamos un sobrio estimado de cuáles son nuestras habilidades y talentos, y que encontremos un lugar en la vida para hacer nuestra contribución. Es importante, para cada persona en el matrimonio, que sientan que individual y colectivamente son utilizados de manera productiva. Si uno (o ambos) siente que su vida cuenta muy poco dentro del esquema de Dios, habrá frustraciones que se reflejarán en el matrimonio causando problemas.

Cada parte de la pareja debería cuidar del otro y ayudarle a encontrar un gran lugar dentro del Reino de Dios en el cual servir y funcionar. Esposos, si ustedes perciben que sus esposas están vacías, aburridas y no se sienten útiles, entonces tienen que ser las personas que las

ayuden a reconocer sus talentos y a encontrar el lugar
donde pueden utilizarlos. Y esposas, ustedes tienen que
hacer lo mismo por sus esposos.

El Reino de Dios está repleto de oportunidades de servir
para hombres y mujeres. En los años que llevo en el ministerio, he visto muchas personas, a quienes el mundo no tomaba
en cuenta que pensaban que no tenían talento, literalmente
volver a la vida con alegría y energía en la medida en que
descubrieron sus habilidades y las pusieron al servicio de
Dios y de su Iglesia.

Podemos cometer errores al ir y venir. Algunos de nosotros nos sobreestimamos y creemos que tenemos talentos en
áreas para las que no servimos. Necesitamos ayuda para defi-
nir nuestros talentos, pues podemos llegar a tener frustraciones y conflictos. Por otra parte, otros de nosotros nos
subestimamos: tenemos talentos y habilidades que nunca hemos
desarrollado. Es entonces cuando un(a) esposo(a) sabio(a) y
amoroso(a) puede ayudarnos. Los amigos maduros y espirituales también pueden venir en nuestra ayuda. Descubran cuáles
son sus talentos, ¡y úsenlos para la gloria de Dios! No permitan que su vida continúe con una sensación de fracaso, pérdida de oportunidad y potencial sin utilizar. Los herirá,
herirá al Reino de Dios y también herirá su matrimonio.
Busquen el lugar donde puedan ser más útiles, ¡y a trabajar!

Empezamos este capítulo haciendo la pregunta: "¿Llegará su
matrimonio hasta el final?". Segundo, "¿Llegarán al final siendo mejores personas y con un matrimonio mejor del que tenían
cuando comenzaron?". Las respuestas a estas preguntas tocan los
puntos más importantes de nuestra vida. La buena noticia es que
¡ninguno de nosotros está atascado! Incluso si sentimos que
hemos desperdiciado años valiosos, sólo tenemos que tomar una
decisión para darle un giro de 180 grados a todo. Así es que,
¡vayamos adelante y comencemos a vivir! Dios dice:

"Olviden las cosas de antaño;
ya no vivan en el pasado.
¡Voy a hacer algo nuevo!
Ya está sucediendo, ¿no se dan cuenta?
Estoy abriendo un camino en el desierto,
y ríos en lugares desolados."
(Isaías 43:18-19)

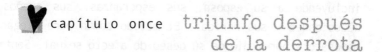

capítulo once triunfo después de la derrota

"Haré brotar ríos en las áridas cumbres,
y manantiales entre los valles.
Transformaré el desierto en estanques de agua
y el sequedal en manantiales." (Isaías 41:18)

Hemos dicho mucho, pero todavía no lo hemos dicho todo. Queremos cerrar este libro dándoles la esperanza de que su matrimonio puede ser diferente. He aquí algunas situaciones reales que hemos visto cambiar, del desastre y la derrota al éxito y la victoria. Los nombres fueron cambiados, pero las historias son reales. Estos ejemplos se tomaron de matrimonios con los que hemos trabajado en el transcurso de los más de veinticinco años que llevamos en el ministerio. Nuestra fe ha cobrado una fuerza increíble al ver trabajar el poder de Dios trayendo amor y alegría a algunas de las más miserables y terribles situaciones de derrota que podamos imaginar.

John y Michelle

La vida los agota

Cuando conocimos a John y Michelle, ambos tenían una mirada vacía y sin vida. Estaban desanimados, deprimidos y agotados. Parecía que lo tenían todo para ser felices: niños saludables, una casa hermosa y una posición sólida de tiempo completo en el ministerio. Pero las cosas no iban tan bien. John estaba desanimado debido a una sensación de fracaso en su trabajo y a la pérdida reciente de su amado padre. Sentía que no era efectivo al liderar a otras personas porque sabía que no estaba cercano a su esposa y fallaba en el liderazgo de su propia familia. Era muy inteligente y bien educado, pero no tenía idea de cómo expresarles a los seres que amaba, incluyendo a su esposa, sus esperanzas, sus sueños, sus necesidades y sus heridas. El método común para llegar a su esposa era por medio de su deseo de afecto sexual. Sentía que no tenía apoyo ni amor y que estaba solo en medio de su dolor. Moría lentamente y desde adentro.

Michelle, aunque poseía una personalidad positiva y extrovertida, no se hallaba feliz consigo misma, con su matrimonio ni con sus hijos. Parte de la razón para su falta de respuesta sexual era que sabía que tenía muchos kilos de sobrepeso (igual que John). Esto la avergonzaba y la hacía ser sexualmente indiferente. Y, a pesar de ser una cálida persona, carecía de la sensibilidad para entender las dificultades y sentimientos de fracaso de John.

Hablar con John y Michelle por separado y luego comparar las notas fue toda una experiencia. Eran polos opuestos al contar las situaciones más simples en las que ambos estaban involucrados. Por un tiempo estuvimos confundidos, pero luego nos dimos cuenta de que esta era la clave para la solución de sus problemas. Ambos estaban tan centrados en sí mismos que no lograban entender el punto de vista del otro. Podían aprender a resolver el conflicto sólo si comenzaban a hacer un serio esfuerzo por entenderse y tener empatía entre ellos.

¿Qué se iba a requerir para que cambiaran? John y Michelle tenían que enfrentar sus deficiencias individuales. Ambos necesitaban identificar los errores que los habían llevado a donde estaban, aceptar la responsabilidad y decidir cambiar. Necesitaban hablar abiertamente sobre sus frustraciones y desilusiones en la relación, y estar dispuestos a escuchar el punto de vista del otro. Y ambos tenían que decidir recomprometerse con su matrimonio y poner en orden sus vidas, física y espiritualmente.

Hoy en día, John y Michelle están felizmente enamorados y han dado grandes pasos en la recuperación de los errores y las derrotas del pasado. Su comunicación ha mejorado radicalmente y lo mismo ha sucedido con su vida romántica. Todo esto ha requerido mucho trabajo, paciencia y autoevaluación, pero ahora se encuentran mucho más conscientes de lo que necesitan hacer para satisfacer las necesidades de ambos.

Dan y Joanna
La muerte de un hijo

Dan y Joanna nunca imaginaron que eso podría sucederles a ellos. Llegaron a casa una tarde y vieron los autos de emergencia y a una multitud de vecinos reunidos en la parte de afuera del estacionamiento de su edificio. La noticia devastadora les cayó como un balde de agua fría: su hijo, el bebé que poco antes habían dejado al cuidado de una niñera, acababa de morir víctima del síndrome de muerte súbita infantil. Una vez se recuperaron del *shock* inicial, problemas terribles empezaron a surgir. Dan y Joanna comenzaron a recurrir a las drogas y al alcohol para ahogar el dolor de su pena. Se distanciaron el uno del otro y ambos terminaron cometiendo adulterio. Dan tuvo múltiples romances, incluso con algunas de las mejores amigas de Joanna. Tenían la apariencia de llevar una vida normal mientras continuaban con la rutina diaria de trabajo, escuela y casa; pero el olor de la muerte los envolvía como una nube. Cada noche bebían hasta casi perder el sentido y, eventualmente, Dan comenzó a adquirir y abusar de medicinas.

Pero luego Dan y Joanna se hicieron discípulos de Jesús y eso cambió sus vidas radicalmente. Han tenido que enfrentar la adicción a las drogas y han sido totalmente abiertos el uno con el otro en cuanto al adulterio que ambos cometieron. Ahora están libres del consumo de drogas y han experimentado la alegría de renovar su amor. Aún está presente la tristeza por la pérdida de su hijo, pero en lugar de desesperación, tienen la confianza de que ¡algún día se reunirán con él en el cielo! Y tienen la esperanza de que van a influir en sus otros hijos para que sigan a Cristo.

Norm y Kristin

El talento y el éxito no son suficientes

Ellos eran la clásica historia: jóvenes, atractivos, en sus treinta, dos hijos hermosos, muy buenos ingresos económicos. Pero todo se derrumbó. Ambos se habían convertido en discípulos de Jesús mientras estaban en la universidad, pero con el tiempo habían muerto espiritualmente. La lujuria sexual de Norm lo llevó a una creciente adicción a la pornografía, la masturbación y, eventualmente, a una relación homosexual. Sabía lo que estaba haciendo mal y nunca pensó caer tan bajo, pero se sintió irresistiblemente atraído hacia el camino incorrecto. Trató con consejeros y con grupos de terapia, pero no funcionó. Más tarde nos contó que se sentía completamente esclavizado y que no sabía si alguna vez podría cambiar.

Kristin no tenía idea de lo que pasaba verdaderamente en la vida de su esposo. En su intensa necesidad de probarse a sí misma, se preocupó por otras personas, causas y problemas, y descuidó su matrimonio. La relación sexual entre ambos disminuyó y casi desapareció. Ella no se hallaba unida a su esposo ni estaba allí para ayudarlo a superar sus luchas. Norm le mintió a Kristin respecto de lo que estaba haciendo y ella tenía demasiado miedo de actuar según lo que le indicaba su instinto de que había un problema mucho más profundo y oscuro en la vida de su esposo.

Norm decidió enfrentar lo que había hecho y buscar guía espiritual para superar sus problemas. Trabajando con sus consejeros, Norm y Kristin decidieron que lo mejor sería que Norm se mudara de la casa por unos días para ordenar sus sentimientos y decidir en qué dirección quería ir. Aunque Kristin tenía el corazón roto y estaba molesta por lo que Norm había hecho, ella también decidió enfrentar sus debilidades. A ella y a los niños les dolió la ausencia de Norm, pero aceptaron que era lo mejor y oraron para que tomara la decisión correcta. Después de un período intenso de búsqueda espiritual, Norm tomó la decisión de volver a Dios y conseguir la ayuda que necesitaba para ser un esposo y un padre fiel.

Comenzó a visitar a su familia con regularidad y finalmente, con consejos y enseñanzas, Norm y Kristin llegaron al punto en el cual ya estaban listos para vivir juntos de nuevo. Dedicaron otra vez sus vidas a Dios y el uno al otro, en una renovación pública de sus votos de matrimonio.

Hoy en día están felizmente casados y si los conocieras no imaginarías que pasaron por una situación tan horrible. Ocasionalmente, Norm lucha con tentaciones sexuales y hasta con pensamientos homosexuales, pero él y Kristin tienen una vida sexual excitante y feliz, y él puede ser honesto con respecto a sus luchas. Ellos son un claro ejemplo de cómo el poder de Dios y el trabajo del cuerpo de Cristo pueden levantar a las personas desde una derrota terrible hasta llevarlas a la victoria y a tener una esperanza para el futuro.

Carl y Dana

Rabia y engaño

Carl siempre había luchado con la rabia y la amargura. Parecía ser su segunda naturaleza y había sido reforzada en sus años mozos por la difícil experiencia de haber sido criado por un padre alcohólico y negligente. Dana también había tenido una vida difícil y había visto lo peor que puede hacer el mundo. Como resultado, Dana desarrolló un carácter engañoso y obstinado. Después de que se hicieran discípulos, sus vidas cambiaron de muchas formas, pero su relación matrimonial siguió siendo una fuente de dificultades. Él era grosero, ella le faltaba al respeto, y ambos parecían estar discutiendo continuamente.

Dana parecía ser muy amigable, pero por dentro estaba asustada por la rabia de Carl. Ella había sido honesta con él sobre algunas cosas de su pasado, pero sólo hasta cierto punto. Ella lo había engañado en cuanto a un romance ilícito que había tenido, temiendo que si se conocía la verdad se destruiría el poquito amor que Carl sentía por ella. Razonando que su naturaleza crítica y negativa simplemente no podría sobreponerse a otra desilusión, Dana ocultó la verdad.

El engaño siempre lleva al distanciamiento en una relación. Aunque permanecía ajeno a los hechos, Carl era lo suficientemente perceptivo como para sentir que algo no estaba bien. Sus críticas y su rabia se intensificaron. Con cada palabra dura y mirada hosca que recibía, Dana se sentía más segura de que tenía que mantener la mentira para salvar su matrimonio.

Finalmente, Dana decidió que no podía seguir con la charada. Buscó el consejo de amigos que le pidieron que dijera la verdad a Carl lo más pronto posible. Ella sumó coraje a su fe y lo hizo. Al principio, él reaccionó con rabia y rencor, pero después decidió que debía perdonarla.

En retrospectiva, Dana está inmensamente aliviada de haberse liberado de esa carga tan terrible. Ahora, ella se siente capaz de confiar plenamente en ella misma y en su esposo. Y, a pesar de su pasada rudeza, Dana puede amar a Carl como nunca antes lo ha hecho. Por su parte, Carl tiene ahora la confianza de que Dana ha sido completamente honesta con él. Sus sospechas finalmente desaparecieron. De vez en cuando lucha con la rabia y la amargura al recordar sus mentiras y su romance, pero ahora sabe con qué está lidiando, al igual que ella. Carl y Dana han descubierto el poder de la verdad y de la gracia, y ahora llevan una gran vida juntos.

Allen y Teresa
Problemas con la familia política

Allen y Teresa se amaban mucho, pero había un problema: ambas familias políticas no estaban felices con el matrimonio.

Los padres de Allen nunca aceptaron a Teresa completamente. Ellos eran personas de la clase alta, y Teresa venía de una familia obrera y religiosamente conservadora. Ellos sentían que no se merecía a su hijo y así se lo hicieron saber a él. Finalmente, Allen le reveló a Teresa las actitudes de sus padres, lo que sólo confirmó el trato indiferente que por años había recibido de ellos. Todavía peor, ella detectaba un sutil cambio en el comportamiento de Allen cuando sus padres entraban en escena. Habló con Allen sobre lo que estaba percibiendo, pero él minimizó sus sentimientos y trató de persuadirla de que él no era influenciado por la actitud de sus padres. Ella se amargó y comenzó a sentir rencor. Tuvo encuentros fuertes con sus parientes políticos en varias oportunidades. Se convirtió en una persona crítica y que se creía muy justa, en lugar de en una hija política amorosa y preocupada. Ellos reaccionaron con rabia y distanciamiento y la relación se deterioró.

Allen consideró que la religión de los padres de Teresa era tan ingenua que daba risa. Miraba la negatividad y el legalismo de su fe con desdén y se preguntaba por qué alguien creía en algo que le causaba tanta miseria. El recuerdo de cómo Teresa había comprometido su moral al involucrarse sexualmente con él antes de casarse, hizo que Allen perdiera aún más el respeto por ella y por sus creencias. Ridiculizó la fe de sus padres delante de ellos. Los padres de Teresa se sintieron profundamente heridos y se retiraron en silencio. Teresa estaba molesta con su esposo por la forma tan cruel e insensible como les había hablado a sus padres, aunque estaba bastante de acuerdo con el juicio de Allen sobre su condición espiritual. Cuando Allen y Teresa se mudaron a otra parte del país, lejos de su familia, su amargura se hizo cada vez mayor. El trabajo absorbente de Allen en su nuevo cargo, la nostalgia de Teresa por su familia y los continuos conflictos con la familia política llevaron las tensiones hasta el punto de quiebre.

Finalmente, Allen y Teresa llegaron a una iglesia dinámica que se basaba en la Biblia y que era positiva en su mensaje. Allen, con la actitud de "nunca van a convencerme", se sentó a estudiar la Biblia con los líderes de la iglesia y terminó convirtiéndose. Pronto tomó la decisión de ser un discípulo y se bautizó en Cristo. Teresa se dio cuenta de que su religión anterior había sido una de legalismo y deberes, y no la vida de amor y gozo que Jesús había prometido. Ella se unió a Allen y se convirtió en una verdadera discípula de Jesús.

Allen y Teresa se pidieron perdón por todas las heridas que se causaron y se han esforzado por reparar el daño hecho a los padres de ambos. La relación con los parientes políticos no es muy fuerte todavía, pero Allen y Teresa tienen esperanzas. Lo que más ha cambiado es su matrimonio. Ahora están felizmente enamorados y fascinados con la nueva fe que han encontrado. Su esperanza y oración es que sus padres reconozcan los cambios en ellos, los perdonen por los errores que cometieron y algún día compartan con ellos la nueva vida espiritual que han encontrado.

Ed y Anna

Arréglenlo ustedes mismos

Cuando Ed y Anna llegaron a nuestro ministerio provenientes de otra ciudad, tenían la reputación de tener serios problemas en su matrimonio. Algunos de los mejores consejeros habían estado asesorándolos por años, pero no parecían cambiar. Y ese era el problema: no estaban aprendiendo de lo que les habían enseñado.

La debilidad específica en su matrimonio estaba en su fracaso al desempeñar sus propios roles. Ed tendía a ser falto de amor, insensible y duro. Él tuvo un pasado de abuso sexual y perdió a su padre cuando era muy niño. Esto lo forzó a crecer rápidamente para ayudar a su madre con el sustento familiar. Todo esto le hizo tener fortaleza y fuerza, pero lo dejó con una disminuida habilidad para dar y recibir amor. Su esposa a menudo se sentía abandonada y estaba necesitada de afecto y atención.

A pesar de su sensibilidad, Anna era orgullosa y con una voluntad muy fuerte. Era irrespetuosa con Ed y tendía a querer llevar la batuta. Cuando herían sus sentimientos, se autocompadecía y se ponía a la defensiva. A Ed le resultaba virtualmente imposible retarla. Cada vez que lo hacía, ella comenzaba a llorar y a tenerse lástima, apartándose de él. Su hipersensibilidad y su terquedad hacían la vida muy difícil para ambos.

A medida que trabajamos con ellos, continuamente sacaron a la luz los errores pasados de uno y otro. Eran usuarios clásicos de las palabras "siempre" y "nunca", y resultaron expertos en escudriñar las fallas en el carácter de cada uno. Después de varias conversaciones con nosotros, su relación mejoraba, pero regresaban a los pocos días o semanas con un nuevo problema. En verdad, el problema no resultaba nuevo, simplemente consistía en una nueva versión del mismo y viejo patrón.

Decidimos que ya era suficiente. Les dijimos a Ed y Anna que estaban utilizando nuestro consejo como una muleta, que ya era hora de que comenzaran a enfrentar las debilidades de su carácter e hicieran cambios duraderos en su vida y en la dinámica de su matrimonio. Les informamos que ya no les daríamos más "reparaciones matrimoniales" periódicas: de ahora en adelante esperábamos que ellos resolvieran sus dificultades solos. Cuando tuvieran un conflicto, tendrían que sentarse juntos y, con la ayuda de Dios, solucionarlo humildemente. Les aseguramos que estaríamos allí para ellos, pero que no viviríamos su vida por ellos.

Ed y Anna nos miraron mudos de asombro. Esto parecía sorprendentemente sencillo. ¿No necesitaban de consejos y discipulado continuo para ayudarles a resolver sus problemas? ¿Ser discípulo no significaba pedir consejo? Les explicamos que el propósito del discipulado y de los consejos es llevar a las personas al grado de madurez necesario para que puedan conquistar sus problemas en lugar de verse abrumados por ellos a cada momento. Había llegado la hora para que ellos tomaran la decisión de crecer. Les dijimos que esperábamos que ambos resolvieran el próximo conflicto cuando surgiera. Se fueron temblando, pero decididos a hacerlo.

Ed y Anna han progresado sorpresivamente. Todavía tienen que luchar con sus viejas debilidades de carácter, pero aprendieron a disculparse por sus errores y a ayudarse a salir de los problemas. Experimentaron la victoria de poder expresar pacientemente lo que les molesta o enoja, y de poder resolver sus diferencias y sentimientos. Ganaron una mayor confianza

¡y ahora es más divertido estar con ellos! Como cualquier otro matrimonio, siguen necesitando apoyo de vez en cuando; pero, con la ayuda de Dios, han logrado un mayor éxito en la solución de sus conflictos.

Contamos estas historias con el propósito de darles esperanza. Las contamos para que todos nosotros podamos ver que no importa cuán mal puedan estar las cosas, siempre hay una salida. Comenzamos este libro con una declaración de tres convicciones, y queremos terminarlo con ellas:

▶ Dos personas pueden cambiar.
▶ Cualquier matrimonio puede arreglarse.
▶ Cualquier matrimonio puede ser increíble.

El poder y el amor de Dios están ahí para ti. No estamos diciendo que va a ser fácil. No les estamos prometiendo que su pareja necesariamente hará lo que deba hacer. Estamos diciendo que las decisiones que deban tomar dependen enteramente de ustedes y que deben tomarlas lo más pronto posible. ¡Dejen que los cambios comiencen en ustedes! Y cuando ambos estén dispuestos a dar sus vidas a Dios y el uno al otro, ¡no habrá derrota que no pueda convertirse en victoria!

♥ una cosa más...

Acabamos de pasar cuatro capítulos hablando sobre la "verdad". Una de las grandes verdades es que ¡la vida a veces es dura! Tan sencillo como puede sonar, es un hecho que muchos de nosotros no sólo necesitamos aceptar sino asimilar. Durante mucho tiempo luché contra él, y creo que muchos de ustedes ahora lo están haciendo. Durante esos primeros años lidiaría con cada obstáculo o dificultad que encontrara como si fuera la última valla que debía saltar antes de finalmente experimentar la sensación de estar siempre contenta y feliz. La paz y el gozo siempre parecían estar "a la vuelta de la esquina" o "detrás de la siguiente colina". Pero descubrí que cada vez que un problema era resuelto, otro nuevo ya venía en camino, posponiendo, una vez más, mi paz y felicidad.

¿Por qué escribo estas cosas en un libro sobre matrimonios? Porque estas son las cosas que tienen un gran peso en nuestras vidas y afectan todas nuestras relaciones cercanas. Estas son las verdades que pocos de nosotros habíamos experimentado o entendido cuando comenzamos nuestra vida como recién casados. Después de numerosas desilusiones, finalmente decidí enfrentar el hecho de que la vida siempre tendría sus retos y dificultades y que esos altibajos serían las herramientas que Dios iba a utilizar para hacerme fuerte y recta.

Las tormentas de la adversidad vendrán a nuestras vidas, algunas menores, otras devastadoras. Pasaremos por retos financieros, dificultades laborales, problemas con la familia política, el agotamiento de criar niños pequeños y los retos de criar adolescentes. Pero luego llegarán las tormentas, sacudirán completamente nuestro mundo y nos romperán el corazón; las tormentas de las enfermedades, la muerte, la pérdida y la soledad. La tensión de estas situaciones afecta el matrimonio y expone sus debilidades. En lugar de permitir que los retos los separen, aprendan a enfrentarlos con la cabeza en alto y juntos. Es lamentable, pero muchas parejas nunca aprenden esta lección y sus matrimonios no sobreviven a la tensión ocasionada por dificultades serias. En tiempos así, esposos y esposas deben apoyarse mutuamente. Deben luchar contra la tentación de estallar de rabia y desesperación, culpar a la otra persona o cerrarse emocionalmente.

Apóyense el uno al otro. Entiendan que pueden responder y reaccionar al dolor y a la pena de maneras diferentes. Aprendan a extender su amor y su consuelo, aunque ustedes mismos estén profundamente heridos. Vuélvanse juntos a Dios. Cuando todo se haya dicho y se haya hecho, estos momentos agridulces pueden convertirse en algunos de los recuerdos que más atesoren de su vida juntos. Puede que no sean los mismos después de que pase la tormenta, pero serán mejores personas y tendrán un matrimonio más fuerte.

Si bien no hay nada que podamos hacer para evitar que cosas retantes, y hasta devastadoras, nos sucedan, lo único que sí podemos y debemos controlar es el cómo reaccionamos a ellas. Sam siempre dice: "Lo que cuenta no es lo que te pasa a ti, sino lo que pasa en ti". Es tan fácil dejar que los problemas dominen nuestros pensamientos y roben nuestro gozo. En lugar de ver las bendiciones y las cosas buenas de nuestra vida, nos enfocamos en las cosas malas; nos amargamos, nos volvemos rencorosos, negativos y cínicos. ¿Cuántos de nosotros conocemos a personas que eran positivas y agradables en sus años mozos, pero que se volvieron cínicas y negativas a medida que envejecieron? Ninguno de nosotros va a tener una existencia libre de problemas, pero la Biblia nos ordena estar siempre alegres (Filipenses 4:4).

La verdadera felicidad es producto de quiénes somos por dentro. Podemos decidir ser agradecidos, rectos y gozosos sin importar las circunstancias.

Si mantenemos un espíritu positivo y siempre altivo durante los momentos difíciles, Dios podrá utilizarnos como lo tiene planeado para perfeccionarnos:

"Y no sólo en esto, sino también en nuestros sufrimientos,
porque sabemos que el sufrimiento produce perseverancia;
la perseverancia, entereza de carácter; la entereza de carácter,
esperanza. Y esta esperanza no nos defrauda,
porque Dios ha derramado su amor en nuestro corazón
por el Espíritu Santo que nos ha dado."
(Romanos 5:3-5)

Las adversidades pueden enseñarnos acerca de la compasión y la paciencia como ninguna otra cosa puede hacerlo. Hay mucho que no entendemos completamente acerca de la vida hasta que hemos experimentado sus heridas y dificultades. Las pruebas hacen que pongamos en perspectiva nuestra imagen del mundo y la imagen que tenemos de nosotros mismos, exponiendo lo que es importante y verdadero y lo que no lo es. Las dificultades pueden hacer que la persona débil se vuelva más fuerte y resistente, y que la persona fuerte se suavice y sea más sensible. Las dificultades pueden humillarnos y llevarnos bajo y, sin embargo, también pueden darnos grandeza espiritual.

Alguien dijo alguna vez: "La vida es dura y después nos morimos". Esta no es toda la historia, pero la vida real tiene sus problemas y sus dificultades. Sin embargo, no debemos permitir que los retos nos roben la felicidad y destruyan nuestro matrimonio. Recuerden las promesas que se hicieron el uno al otro cuando se casaron: "En la salud y en la enfermedad, en la pobreza y en la riqueza, para bien o para mal, hasta que la muerte nos separe". Ustedes hicieron el compromiso de estar juntos y con Dios hasta el final. Dejen que los momentos difíciles los acerquen a Dios y los unan más a ustedes. Pasen por los momentos malos, pero vivan en lo que es bueno y positivo. En las palabras del apóstol Pablo:

"Por último, hermanos, consideren bien todo lo verdadero, todo lo respetable, todo lo justo, todo lo puro, todo lo amable, todo lo digno de admiración, en fin, todo lo que sea excelente o merezca elogio" (Filipenses 4:8).

Aprendamos a ver el alivio a través del dolor, la risa a través de las lágrimas, y las victorias a través de las derrotas, y cuando lleguen al final, estarán en pie, fuertes, con la frente en alto... y juntos.

Geri Laing

epílogo

Al escribir *amigos amantes* hemos tratado de lidiar con un número específico de temas que van desde la comunicación hasta las finanzas y las relaciones sexuales. Vuelvan a leer los diferentes capítulos de este libro; háganlo cuantas veces sea necesario. En la medida en que vayan aplicando las cosas de las que hemos hablado, espero sinceramente que vean grandes cambios en su matrimonio.

Sin embargo, al acercarte al final del libro, puedes sentirte algo abrumado. Posiblemente haya muchas cosas que tú (y tu esposo) necesiten cambiar, ¡y difícilmente sepas por dónde empezar! La mayoría de nosotros lo hacemos mejor cuando podemos simplificar y condensar, en uno o dos principios básicos aplicables a cualquier situación, la miríada de conceptos que hemos aprendido. Creo que hay un principio tal que, cuando lo utilices en el matrimonio, simplificará, aunque no resuelva completamente, casi todos los problemas.

Cuando me casé a los veintiún años, muy pocas de mis amigas ya se habían casado. A excepción de unos pocos ejemplos que seguir, sólo tenía mi Biblia, el libro de instrucciones de Dios para la vida, para enseñarme cómo ser una buena esposa. Hubo una escritura a la que me aferré durante esos primeros años de matrimonio, y que aún mantengo como un gran principio y como una promesa de la vida cristiana: *"Si alguien quiere ser mi discípulo, que se niegue a sí mismo, lleve su cruz cada día y me siga. Porque el que quiera salvar su vida, la perderá; pero el que pierda su vida por causa mía, la salvará"* (Lucas 9:23-24 –el énfasis es mío–).

Para muchos de nosotros, nuestros problemas maritales no son más complicados que nuestro propio y arraigado egoísmo. Queremos lo que queremos y pelearemos, protestaremos, insistiremos y nos sentiremos apáticos hasta que lo consigamos. No somos más que niños grandes pataleando y peleando para que nos den lo que queremos. Este egoísmo afecta cada parte de nuestra vida de casados, desde la forma como nos hablamos en la cocina hasta la forma como hacemos el amor en la habitación. Determina cómo pasamos el tiempo y cómo gastamos (o no gastamos) nuestro dinero. Me doy cuenta de que pueden haber otros temas complicados que también necesitan tratarse, pero si empiezas por aquí, reconociendo y lidiando con tu propio egoísmo (no el de tu esposo), tu matrimonio será ¡increíblemente diferente! Mejor aun, si ambos toman la decisión de considerar los sentimientos del otro más que los propios, les aseguro que los cambios en su vida juntos serán inmediatos, dramáticos y más satisfactorios de lo que puedan imaginarse.

En resumen, el matrimonio tiene todo que ver con egoísmo. Es estar dispuesto a dejar de lado tu propia voluntad y por el bien de la otra persona. Lucas 9:24 es la gran paradoja de la vida: Pierde tu vida y la encontrarás. Nunca lograrás una satisfacción a largo plazo si no hay un sacrificio generoso. Este es un hecho de la vida y es el principio más fuerte del matrimonio.

Ciertamente hay algunas situaciones disfuncionales en las que una persona permite que la otra abuse de ella de forma cruel y opuesta a Dios. En esas situaciones llega un momento cuando la parte abusada debe cobrar fuerzas y tomar posiciones nada fáciles; mas no es aquí donde está la mayoría de las parejas. Si bien hay algunos matrimonios que fracasan debido a la violencia y al abuso, muchos más matrimonios mueren o se acaban porque los esposos y las esposas son demasiado egoístas para de verdad preocuparse más, o casi igual, por la otra persona que lo que se preocupan por ellos mismos. ¡Cuán diferente sería la mayoría de los matrimonios si de veras comenzáramos a pensar en nuestros esposos y sus necesidades en lugar de sólo pensar en las nuestras! Me acuerdo de lo que aprendí en la "Regla de Oro" cuando era niña: "Haz a los demás lo que quieras que te hagan a ti". Esta pequeña regla fue casi mágica en sus resultados cuando la aplicaba a los amigos y relaciones de la infancia. ¿Qué tal si ponemos esta sencilla regla en práctica en nuestro matrimonio? ¿Cómo quieres que te trate tu esposo? ¿Cómo te gustaría que te hablara? ¿Cuál es el tono de voz que quisieras que utilizara? ¿Cuáles son los comentarios y halagos que te gustaría escuchar? ¿Cuáles son los detalles que te dicen "Te amo"? Empieza tú haciendo por él (o ella) lo que te gustaría que te hicieran. Inténtalo por un día o por una semana. Mejor aun, elimina el egoísmo de tu vida. Para muchos de nosotros ¡éste será el comienzo de cambios sorprendentes!

Para cerrar, permítanme recordarles que el plan de Dios siempre ha sido que el matrimonio sea una relación de amor y compañerismo que debe durar toda la vida. Definitivamente no es su plan que el matrimonio se convierta en algo vacío o aburrido con el paso de los años, o que se convierta en un campo de batallas donde se pelean guerras con palabras duras, distanciamientos tan fríos como el hielo y amargos resentimientos.

¿Alguna vez has estado cerca de una pareja que ha permanecido junta por mucho, mucho tiempo y que todavía se preocupan el uno por el otro? Nada es más enternecedor y deseable. Llevan un aire de comodidad y alegría. Un tranquilo entendimiento fluye entre ellos y a veces pareciera que se comunican sin palabras y, cuando hablan, uno puede terminar la oración que el otro ha comenzado. Hasta en su semblante se parecen. ¿Es sólo el hecho de que ahora ambos tienen canas y usan anteojos, o es que llevan juntos tanto tiempo que han adoptado las mismas expresiones faciales? Nadie puede decirlo, pero el hecho sigue siendo que con los años dos vidas pueden fundirse en una sola. ¡Qué gran logro! Un matrimonio de éxito y amor que no sólo existe, sino que prospera. Una relación construida sólidamente con años de poner ladrillos de risas y lágrimas compartidas, de buenos y malos momentos, de victorias y derrotas. Amigos amantes... ¡para siempre!

Geri Laing

apéndice ***citas, noviazgo y compromiso***

**"Mujer ejemplar,
¿dónde se hallará?"**
(Proverbios 31:10)

Este es un libro sobre el matrimonio, pero estoy seguro de que algunos de ustedes, solteros(as), lo están leyendo ¡con esperanzas para el futuro! Quería incluir una sección especial sólo para ustedes, y darles algunos de los principios y conceptos que necesitarán saber al emprender la búsqueda (y que estén seguros de haberla encontrado) de la persona correcta que será su compañera para toda la vida.

Se ha dicho que nuestra elección de un esposo puede determinar si iremos al cielo o al infierno. Después de observar a las personas y considerar el tema por largo tiempo, me inclino a estar de acuerdo, con todo mi corazón. Esa decisión debe tomarse con mucha oración y teniendo gran confianza en la dirección de Dios. A aquellos que dudan que algún día puedan encontrar a la persona correcta les recomiendo el siguiente versículo: *"Ahora bien, sabemos que Dios dispone todas las cosas para el bien de quienes lo aman, los que han sido llamados de acuerdo con su propósito"* (Romanos 8:28). Debes aferrarte con fuerza a unas pocas y sencillas creencias: Dios te ama, Él está trabajando en todos los detalles de tu vida según su plan, y su plan es bueno.

He aquí seis principios –seis pruebas para una relación seria– que te ayudarán mientras buscas la voluntad de Dios en esta decisión tan importante.

La prueba de la espiritualidad

"Más bien, busquen primeramente el Reino de Dios y su justicia,
y todas estas cosas les serán añadidas." (Mateo 6:33)

"Jesús replicó: 'Ama al Señor tu Dios con todo tu corazón y con todo
tu ser y con toda tu mente'. Este es el primero y más importante de
los mandamientos. El segundo se parece a éste: 'Ama a tu prójimo
como a ti mismo'. De estos dos mandamientos dependen toda
la ley y los profetas." (Mateo 22:37-40)

Estas son las preguntas más importantes que puedes hacerte
acerca de la persona con quien estás pensando casarte:

▶ ¿Esta persona ama a Dios más que nada y nadie en el mundo?

▶ ¿Esta persona busca primero el Reino de Dios en su vida?

▶ ¿El estar con esta persona me hace amar más a Dios?

▶ ¿El estar con esta persona me hace amar más a la Iglesia
y a los otros cristianos?

▶ ¿Hacemos que lo mejor de cada uno salga a la luz?

▶ ¿Soy una mejor persona cuando estoy con él que cuando
estoy sola?

Sabemos que hemos encontrado a la persona correcta cuando
nuestra relación con ella perfecciona nuestra relación con
Dios. Para ponerlo de otra forma, el estar con esa persona
nos acerca más a Dios y nos hace ser más profundos en nuestra
relación con el pueblo de Dios. De ninguna manera el que nos
involucremos con una persona debe minimizar nuestro enfoque
en Dios, su Iglesia o las cosas espirituales.

Los discípulos de Jesús sólo deben salir en citas y casarse
con otros discípulos. Si bien no hay ningún versículo o
escritura que diga que no podemos estar con un no cristiano
del sexo opuesto en reuniones sociales, puedo decir que el
poder de la lógica nos lleva a salir con personas a quienes
podemos darles nuestro corazón. Si necesitas convicciones al

respecto te sugiero que leas escrituras como 1 Corintios 7:39, 2 Corintios 6:14 y Esdras 9:1-4. Yo quiero pasar toda mi vida con otro ser humano que ame a Dios por sobre todas las cosas y que me anime a hacer lo mismo.

La prueba de la compatibilidad

"Esposas, sométanse a sus propios esposos como al Señor. Porque el esposo es cabeza de su esposa, así como Cristo es cabeza y Salvador de la Iglesia, la cual es su cuerpo. Así como la Iglesia se somete a Cristo, también las esposas deben someterse a sus esposos en todo. Esposos, amen a sus esposas, así como Cristo amó a la iglesia y se entregó por ella." (Efesios 5:22-25)

"En todo caso, cada uno de ustedes ame también a su esposa como a sí mismo, y que la esposa respete a su esposo." (Efesios 5:33)

Los versículos anteriores nos describen los papeles fundamentales del esposo y de la esposa en una relación matrimonial. Cuando comenzamos a salir con alguien emergen patrones sobre la forma como nos relacionamos el uno con el otro. El patrón bíblico es claro. La mujer respeta y sigue el liderazgo del hombre, y el hombre ama y lidera a la mujer. Si el hombre no tiene en su corazón un profundo amor por la mujer ni la habilidad para liderarla, la relación va camino a los problemas. De igual manera, si la mujer no respeta al hombre y no puede verse escuchándolo, siguiéndolo y sometiéndose a él por el resto de su vida, entonces no debería casarse. Esto no quiere decir que algunas parejas no tengan dificultades en estas áreas, sino que debe haber un engranaje natural y los cambios deben darse con cierta facilidad.

Segundo, tiene que haber una amistad natural entre ambos. Si te casas, pasarán el resto de su vida juntos así que ¡es un hecho que tienen que disfrutar de la compañía mutua! Debe haber compatibilidad, comodidad y fluidez cuando están juntos. No importa si son muy diferentes en lo que les gusta y lo que no les gusta (¡muchas parejas de casados se preguntan cómo es que se llevan tan bien si tienen gustos tan diferentes!), pero su amistad y su relación deben ser naturales.

Tercero, debe haber una atracción física mutua. La atracción sexual no puede ser la base de su relación, pero es importante. Si un hombre y una mujer no se sienten atraídos corporalmente, ¿cómo pueden proyectar una vida futura de amor romántico? Deben encontrarse el uno al otro básicamente atraídos físicamente. Puede que haya algunas relaciones donde la atracción física no es inmediata, pero debe desarrollarse para que el matrimonio sea satisfactorio para ambos.

Una vez dicho esto, permítanme decirles de nuevo que un matrimonio no puede fundamentarse en la relación física o en el deseo físico. A menudo las personas que primero se sienten atraídas entre sí por la apariencia no pueden formar una relación sólida debido a otras debilidades como falta de espiritualidad o la incapacidad de desarrollar una amistad íntima.

Por último, diría que ambas personas deben sentir que están recibiendo lo mejor. Lo siento, pero no sé de qué otra forma decirlo. Por ejemplo, si la mujer piensa: "Mi novio de veras se está llevando algo bueno. Fíjate cuán atractiva, hermosa e inteligente soy comparada con él", entonces, por favor, ¡no pienses que le haces a este pobre ser ningún favor casándote con él! O si el hombre piensa: "No valgo nada, no soy lo mejor para ella. Esta atractiva e inteligente mujer pudo haberse casado con alguien mucho mejor que yo", te ruego, ¡empieza a sentirte mejor contigo mismo antes de que digas "Acepto"!

La prueba de la pureza

"La voluntad de Dios es que sean santificados; que se aparten de la inmoralidad sexual; que cada uno aprenda a controlar su propio cuerpo de una manera santa y honrosa, sin dejarse llevar por los malos deseos como hacen los paganos, que no conocen a Dios; y que nadie perjudique a su hermano ni se aproveche de él en este asunto.

El Señor castiga todo esto, como ya les hemos dicho y advertido. Dios no nos llamó a la impureza sino a la santidad; por lo tanto, el que rechaza estas instrucciones no rechaza a un hombre sino a Dios, quien les da a ustedes su Espíritu Santo." (1 Tesalonicenses 4:3-8)

Durante el período de noviazgo y durante el compromiso, la pureza sexual debe mantenerse a toda costa. La relación sexual está reservada sólo para las personas casadas, y tú no estás casado(a) hasta el día que digas "Acepto" según las leyes de la tierra y a los ojos de Dios y su Reino. La Biblia nos enseña que los cuerpos de las personas casadas pertenecen el uno al otro (1 Corintios 7:4). Sus cuerpos pertenecen el uno al otro sólo cuando están casados y no antes. Antes de casarse, sus cuerpos le pertenecen a Dios solamente (1 Corintios 6:19-20).

Si permitimos libertades sexuales durante el noviazgo, estaremos destruyendo las verdaderas bases de nuestro futuro. Debemos evitar tocarnos el uno al otro en áreas del cuerpo que responden sexualmente o que están orientadas sexualmente. Tomarnos de la mano es una cosa, pero tocar el cuerpo de nuestra pareja en un área de estimulación sexual es otra muy distinta. Incluido en esto se encuentra el abuso de afecto como besos apasionados, besos y abrazos que son demasiado íntimos. Como dijimos en la sección anterior, debe haber atracción sexual, pero debemos tener cuidado de mantener nuestra atracción y nuestras pasiones bajo control. Tomarse libertades sexuales antes del matrimonio es faltarnos al respeto mutuamente. Créanme, después de que se casen pagarán un precio más alto de lo que pueden imaginarse si caen en pecado sexual antes del matrimonio.

Las parejas que no tienen la madurez ni la convicción para mantener su pureza mientras salen en citas, no tienen nada que buscar casándose. Y si ahora existe un comportamiento pecador e impuro en tu noviazgo, necesitas ser abierto inmediatamente con otras personas y conseguir ayuda. Si llevas un noviazgo o si te encuentras comprometido(a) con alguien que te está presionando para ir más allá de donde tú sabes que puedes llegar, eres responsable ante Dios por tu conducta y debes tomar medidas rápidas y decisivas.

No hay nada como la belleza del día de la boda de dos personas que han mantenido una relación recta. ¡Hay una sensación de pureza, de gozo y felicidad que el mundo no puede entender! Y habrá muchas más oportunidades de tener una vida sexual excitante y satisfactoria en los próximos años de matrimonio.

La prueba de la longevidad

El tiempo es la gran prueba para muchas cosas, especialmente para las relaciones de noviazgo. Resulta fácil sentirnos emocionados cuando conocemos a alguien por primera vez, pero no sabemos con certeza si esta persona es la escogida para nosotros a menos que le demos algo de tiempo. Hay varias razones para esto.

Primero, necesitas algo de tiempo para conocer las debilidades de esa persona. Debes observar a la persona no sólo cuando está bien, sino también cuando se encuentre mal. Segundo, tienen que haber pasado por desacuerdos y discusiones, y haber aprendido a resolverlos antes de casarse. Créeme, ¡habrá muchos más después! Tercero, también tienes que ver cómo se relacionan espiritualmente y si la influencia del uno sobre el otro es o no positiva. Cuarto, si estás recuperándote de una ruptura reciente, de un divorcio, o de la pérdida de una esposa(o) a causa de una enfermedad que produjo su muerte, debes darte algo de tiempo. El deseo de tener compañía puede ser tan grande que no te deje ver bien. Algunos de nosotros que somos un poco más maduros y que tenemos un poco más de experiencia podríamos tomar decisiones un poco más rápido que una persona joven y sin experiencia; pero aun así debe pasar un período de tiempo apropiado antes que estemos completamente seguros. Es mejor esperar un poco más que apresurar las cosas y darnos cuenta más tarde, con amargo arrepentimiento, de que hemos cometido un error.

La prueba de la sociedad

Algunas parejas se llevan fabulosamente bien cuando están solas, pero cuando otras personas llegan a la escena no les va tan bien. A veces podemos conocer a alguien, abrirle nuestro corazón, que la otra persona nos abra el suyo, y tener conversaciones intensas que parecen indicar que somos una misma alma y que estamos unidos para toda la vida. Esto puede ser cierto, de hecho, pero también podemos engañarnos. Es importante saber cómo nos relacionamos el uno con el otro en presencia de otras personas. ¿Se llevan bien frente a otras personas? Si se dan cuenta de que discuten y se ofenden el uno al otro, o que tu pareja no quiere que estés cerca de otras personas, entonces diría que algo anda mal.

Otra prueba de sociedad es el haber salido en citas con otras personas y contar con suficiente experiencia como para tener la confianza de que estamos tomando la decisión correcta. Si vivimos en una cultura (como la mayoría) en la que tenemos la libertad de elegir con quién nos vamos a casar, necesitamos aprovechar al máximo esta oportunidad. Temo que algunos de nosotros no hemos visto bien a nuestro alrededor y nos hemos aferrado a la primera relación que se nos ofreció. Esto resulta cierto en especial con los nuevos discípulos que apenas están experimentando las alegrías del Reino de Dios. Has venido del mundo frío y cruel donde tal vez ningún hombre te trató de manera amable ni se comportó como todo un caballero. Así, te ves atraída con intensidad por el hermano en la fe que te invita en cita, simplemente porque es educado. O tal vez tú, como hombre, nunca te sentiste respetado por las mujeres en el mundo, y estás extasiado por el trato cortés que recibes de la primera hermana que invitas a salir. Automáticamente (y equivocadamente) asumes que es porque ¡ella está locamente enamorada de ti! Puedes concluir que él o ella es lo más grande que te haya pasado y que tienes que casarte rápido antes de que alguien más se te adelante. De lo que debes darte cuenta es que hay otros hermanos y hermanas educados y amables en la Iglesia de Dios que te tratarán de la misma forma. ¡Dales una oportunidad! ¡No te enamores después de tu primera cita como bebé en la fe en el Reino de Dios! Es sabio tener algún tipo de relación con la familia de tu novia(o) antes de que decidas casarte. El cómo se sienta la familia acerca de tu relación no debería tener ningún peso en su decisión, pero ayuda el conocer sus sentimientos y sus orígenes. Si hubiese resistencia familiar a tu matrimonio, o un choque cultural muy severo, necesitas prepararte de antemano. Cuando vienen de antecedentes y ambientes diferentes tienen que hacer grandes ajustes en el pasado de cada uno de ustedes a fin de forjar un matrimonio exitoso. Sabemos que la Biblia nos enseña que todos somos uno en Cristo, pero la familia y los antecedentes son importantes y deben tenerse en cuenta. Esto es algo similar a cuando "calculamos los costos" antes de tomar la decisión de hacernos discípulos. Sabemos que Jesús será fiel a su palabra y que él nos promete una vida maravillosa, pero debemos estar seguros de llevar a cabo el esfuerzo que se requiere para ser sus discípulos. Este es el tipo de reflexión que te pido tomes en cuenta seriamente.

La prueba de la economía

"Hermanos, en el nombre del Señor Jesucristo les ordenamos que se aparten de todo hermano que esté viviendo como un vago y no según las enseñanzas recibidas de nosotros. Ustedes mismos saben cómo deben seguir nuestro ejemplo. Nosotros no vivimos como ociosos entre ustedes, ni comimos el pan de nadie sin pagarlo. Al contrario, día y noche trabajamos arduamente y sin descanso para no ser una carga a ninguno de ustedes. Y lo hicimos así, no porque no tuviéramos derecho a tal ayuda, sino para darles buen ejemplo. Porque incluso cuando estábamos con ustedes, les ordenamos: 'el que no quiera trabajar, que tampoco coma.' " (2 Tesalonicenses 3:6-10)

El matrimonio y el amor son una gran experiencia de misterio y romance, pero también tenemos que ser prácticos. Necesitamos lidiar con los hechos de las finanzas y la economía. Primero, ¿pueden ambos asumir la responsabilidad financiera del matrimonio? Si alguno de ustedes, o ambos, todavía se encuentra estudiando, entonces tienes que preguntarte si puedes, razonablemente, seguir adelante con tu educación mientras estás casado. Si tus padres siguen manteniéndote, eso está bien y es bueno. Si deciden no hacerlo, entonces tienes que tomar una decisión real. En mi experiencia concluyo que resulta más sabio y mejor terminar primero tus estudios antes de contraer matrimonio. Me doy cuenta de que no puedo generalizar demasiado en este punto porque para algunos puede ser mejor que estén casados durante sus años de estudios.

Esto nos lleva a nuestro segundo punto: ¿Tiene el hombre un empleo bien remunerado que le permita mantener a su esposa? Mujeres, déjenme decírselo sin rodeos: el hombre debe tener un trabajo antes de que te cases con él. Nunca te cases con alguien que no haya probado ser un trabajador responsable que recibe un salario consistentemente. Algunas mujeres han vivido con el amargo resentimiento de haberse casado con un hombre que resultó ser irresponsable, indisciplinado y que sólo quería vivir del trabajo duro de su esposa. No importa que el hombre sea atractivo, talentoso, o que sepa hablar bien. Debes estar segura de que tiene un buen antecedente laboral y que administra sabiamente sus finanzas antes de que te comprometas a pasar el resto de tu vida con él.

Tercero, ¿ven los asuntos financieros de manera similar? Si vienen de antecedentes económicos completamente diferentes, entonces el que esté acostumbrado a tener más dinero deberá prepararse a llevar una vida de mayor frugalidad. Si una persona tiene la expectativa de vivir el mismo estilo de vida de altos ingresos al que estaba acostumbrada mientras vivía con papá y mamá, puede frustrarse más adelante. Aunque se amen profundamente, deben considerar este punto con bastante antelación.

No hay forma de que pueda en un capítulo, y en pocas palabras, prepararte adecuadamente sobre cómo saber qué decisión tomar. Es ahí cuando entran en juego la oración y la Iglesia de Dios. Cuando llegue el momento de tomar esta decisión, la segunda decisión más importante de tu vida, más que nunca puedes utilizar la ayuda de Dios y de su gente. Nadie puede tomar esta decisión por ti, debes hacerla tú, porque vas a vivir con ella para bien o para mal por el resto de tu vida. Sin embargo, otros pueden ayudarte a ser más objetivo y a pensar conforme a la razón a través de este momento tan excitante.

Te dejo con la historia de Isaac y Rebeca como aparece en Génesis 24. Es la hermosa historia de cómo Dios encontró una esposa espiritual para el joven Isaac. Isaac y Rebeca estaban separados por cientos de kilómetros y, sin embargo, de alguna manera, Dios los reunió. Creemos que hoy en día Dios muestra la misma preocupación para cada uno de sus hijos fieles. Abraham habló de la dirección de Dios: *"...(el Señor) enviará a su ángel delante de ti para que puedas traer de allá una mujer para mi hijo"* (Génesis 24:7). Creo que Dios enviará a sus ángeles en nuestra vida para guiarnos hacia la mujer o el hombre correcto. Nuestra tarea es prepararnos espiritualmente para estar más cerca de Dios, formando un carácter fuerte y desarrollando un corazón que confía. El Dios que creó el universo y lo sostiene en toda su complejidad e inmensidad y que envió a Jesús a la tierra para que muriera por nuestros pecados, está más que listo y dispuesto para darnos lo que necesitemos para nuestro matrimonio. ¡Que Dios te bendiga mientras buscas hacer su voluntad y buscas a la persona correcta para tu vida!

 notas

Capítulo 2

1. Alan Loy McGinnis, *The friendship factor (El factor amistad)* (Minneapolis: Augsburg Publishing House, 1979), p. 118.
2. Ibid, p. 118.

Capítulo 6

1. John White, *Eros defiled (Eros analizado)* (Downers Grove, Ill.: Inter-Varsity Press, 1977), p. 37.
2. Esto no quiere decir que no haya matrimonios, u ocasiones dentro del matrimonio, en que la esposa pueda estar más motivada y tomar la iniciativa más que el esposo. Lo que he descrito aquí son los retos y problemas usuales y la dinámica básica de la excitación/erección y respuesta del hombre y de la mujer.

Nuestras
Publicaciones

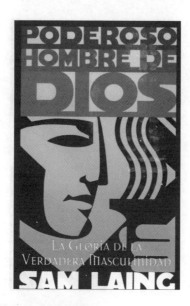

Poderoso Hombre de Dios

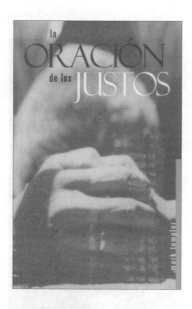

La Oración de los Justos

Más allá de la Biblia

Treinta días al pie de la Cruz

Criando Niños Ejemplares en Tiempos Difíciles

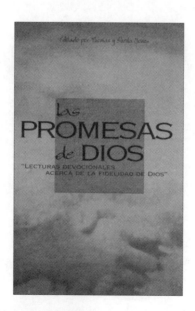

Las Promesas de Dios